青少年心灵氧吧丛书
儿童心理学专家 高雪梅 李 红 总主编

跟自卑说再见

第三版 赵永萍 主编

西南师范大学出版社
国家一级出版社 全国百佳图书出版单位

图书在版编目（CIP）数据

跟自卑说再见 / 赵永萍主编. — 3版. — 重庆：西南师范大学出版社, 2020.12
（青少年心灵氧吧丛书）
ISBN 978-7-5697-0605-5

Ⅰ. ①跟… Ⅱ. ①赵… Ⅲ. ①青少年－心理健康－健康教育 Ⅳ. ①G444

中国版本图书馆CIP数据核字(2021)第000435号

青少年心灵氧吧丛书
总主编：高雪梅　李　红　　策　划：米加德　郑持军

跟自卑说再见
GEN ZIBEI SHUO ZAIJIAN

主编：赵永萍　　副主编：刘绍英

责任编辑：赖晓玥
责任校对：王传佳
封面设计：畅想设计
插图设计：覃　峻
出版发行：西南师范大学出版社
地址：重庆市北碚区天生路 1 号
邮编：400715　市场营销部电话：023-68868624
http：//www.xscbs.com
经　　销：新华书店
印　　刷：重庆紫石东南印务有限公司
幅面尺寸：170mm×240mm
印　　张：10.5
字　　数：250 千字
版　　次：2021 年 4 月第 3 版
印　　次：2021 年 8 月第 2 次印刷
书　　号：ISBN 978-7-5697-0605-5
定　　价：35.00 元

衷心感谢被收入本书的图文资料的原作者，由于条件限制，暂时无法和部分原作者取得联系。恳请这些原作者与我们联系，以便付酬并奉送样书。

若有印装质量问题，请联系出版社调换。

"青少年心灵氧吧"丛书

编委会

给青少年朋友的一封信

亲爱的朋友：

你们是否经历过一说话就脸红的尴尬？你们是否因为别人给你取绰号而恼羞成怒？你们是否因为成绩不理想而情绪低落？你们是否因为家庭条件不好而怨天尤人……面对这诸多问题，不同的人可能会有不同的回答。如果你回答“有”，而且还是“经常有”的话，你可能遇到问题了。这就是下面我们要给大家讲述的问题——自卑。

著名心理学家阿德勒认为，人人都有自卑心理。所以得知自己存在自卑心理并不可怕，关键看我们如何去克服自卑，实现对自卑的超越。那如何实现对自卑的超越呢？这就需要大家了解和掌握相关的知识和方法。本书将从体貌、学习、人际交往和家庭四个方面讲述自卑的表现、自卑产生的原因、如何去克服自卑，以及与自卑相关的一些心理学研究等。希望能给你们克服自卑的钥匙，使你们的生活充满阳光，发挥自己更大的潜力。

朋友们，勇敢地迈出自己的步伐，从自卑的情绪中走出来吧！

编者

目录
CONTENTS

第一章 关于自卑

——探索自卑的真相

第一节 我是谁

在遥远的希腊古城特尔斐的阿波罗神殿上，刻有七句名言，其中流传最广、影响最深，以至被认为点燃了希腊文明火花的却只有一句，那就是："人啊，认识你自己。"

在开启认识自卑的旅程之前，我们不妨先来讨论讨论我们自己。只有清楚地认识了自己，才能知道自己是否自卑。

在一次心理健康课上，老师要求同学们写出 20 个"我是____________"的句子，下面是李一航同学的 20 个"我"。

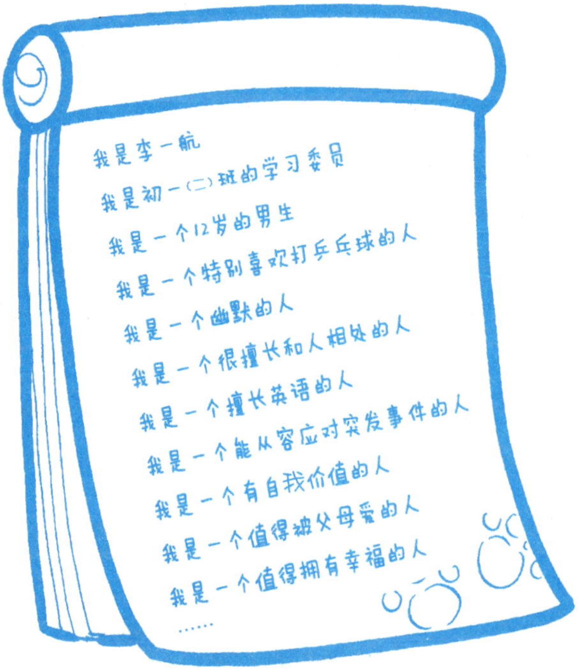

短短几句话，一个鲜活的初一男生的形象就展现在我们眼前。这些话都是李一航同学对自己的审视，每句话都代表着他这个人的不同方面，如“我是初一(二)班的学习委员”“我是一个 12 岁的男生”“我是一个幽默的人”等，都是李一航同学对自己的角色、年龄、个性特征等的简单描述，是对自身情况的客观介绍，不涉及对自己的主观评价，没有很浓的感情色彩。

而“我是一个很擅长和人相处的人”“我是一个擅长英语的人”就和简单的描述不同了，它不仅仅描述了事实(有些时候也与事实不符)，更涉及我们对能否成功地做成某件事的感觉，这就和“自信”“自我效能感”有关了，一个自信的人可能会说，“我相信我能做成这件事情”。

“我是一个有价值的人”“我是一个值得被父母爱的人”“我是一个值得拥有幸福的人”，这些句子与以上两种又有更大的差异了，它们不是对自己的简单描述，也不是在表述我们能否做成什么事情，事实上，它们反映了我们对自己的整体看法和我们对自己价值的评价。这就和“自我价值”“自我接纳”有关了。一般来说，在很多事情上有自信的人对自己的整体评价会更高，因为能做的事情越多，就越觉得自己有价值。但严格来说，事实并不总是这样，有些人可能比李一航更擅长英语，比他更有幽默感或者比他的职位更高(我们可以假设这个人是学生会主席)，但他可能觉得自己能做的事并没有什么大不了，甚至会说出“我是一个一无是处的人”“我不值得被父母爱”“我从来都不奢望能拥有幸福”这样的话。当这个学生会主席经常做出这样消极的自我评价时，我们就要去关心他是否自卑了。

想一想

1. 你对自己是消极的评价多，还是积极的评价多？
2. 问一问你周围的好朋友，他们对你的评价是怎样的？

心灵驿站

写下你的20个“我”，试着把它们归类，看看你对自己的评价是怎么样的。

板块一	板块二	板块三
对自己的简单描述：	对自己能否做成某事的感觉：	对自己是否有价值的评价：

心灵自助餐

翻看《心理学大辞典》

在前面我们提到了很多专业名词，现在我们翻开《心理学大辞典》，一起来探究这些词语的奥秘吧！

自我价值

在人之初，自我价值是通过父母的接纳、肯定、承认、赞美、表扬、鼓励等方式逐渐建立起来的。当自我价值感很强的时候，人会表现出自我完善的欲望，表现出向上向善的本性；当自我价值为零的时候，人会启动自我毁灭的程序。

自我接纳

自我接纳指的是个体对自身以及自身具有的特征所持的一种积极的态度，即能欣然接受自己现实中的状况，不因自身优点而骄傲，也不因自己的缺点而自卑。

第二节　什么是自卑

当我们经常对自己做出消极的评价时，我们就需要讨论自卑的问题了。那什么是自卑呢？华阳中学初一（三）班的同学们给出了这样的解释。

七嘴八舌话自卑

不相信自己的能力，不敢去做想做的事情；
觉得自己很没用，什么都不行，责备自己，讨厌自己；
排斥自己，否定自己；
对自己的缺点感到不满；
因为自己的某种缺陷而感到害怕；

认为自己在某个方面不如别人；
认为自己事事不如人，低人一等；
觉得别人看不起自己；

觉得没有人帮助自己，没人理自己；
不和别人交往，自闭；

自我感觉不好，悲伤，不开心；
总认为自己很倒霉；
……

归纳起来，我们会发现大家对自卑大致有四类解释：第一种，认为自卑是排斥自己，不相信自己；第二种，认为自卑是在和别人比较时感觉自己不如别人；第三种，认为自卑是不能和别人正常交往；第四种，认为自卑是悲伤、自我感觉不好的情绪体验。

自卑的定义

《社会心理学辞典》对自卑感的定义如下：自卑感一般指个人由于生理、心理或其他方面如家庭、工作、政治面貌等的某些缺陷，有时是自以为是的缺陷，而产生的轻视自己，看不起自己，认为自己不如别人的一种消极的心理状态。

自卑感往往使人缺乏自信心、孤僻、悲观，在受到周围人的嘲弄或侮辱时，自卑有时会以暴怒、嫉妒、自暴自弃等形式表现出来，严重的还会导致轻生。

由此可见，心理学家对自卑的定义和同学们的解释大同小异，既然大家对自卑都已经有了一个大致的概念，那么下面我们就来认识一下自卑有哪些表现吧！

自卑的表现

为了能让同学们更清楚地认识到自卑的表现，请在你的同学或朋友当中找出一个你认为有自卑感的人。他在你脑海里是个什么样的形象呢？为什么你一下子就想到他了呢？让我们回忆一下他的言谈举止。我想你的脑海里已经想到了很多关于他的事情，但思绪却是杂乱无章的。为了深入了解自卑，我们从以下几个方面来谈一谈自卑的表现。

对自己的看法

——自责；

——自我怀疑；

——自我批评；

——看不到自己的优点；

——放大自己的缺点；

——看不起自己。

语言

——说话声音很小；

——当众讲话时会脸红、语无伦次；

——说话犹犹豫豫，语气不坚定；

——经常说“对不起”“是我不对”；

——不敢表达自己的要求，不能说出自己真实的想法。

行为

——不敢冒险，不敢接受挑战；

——在机会面前畏缩不前、犹豫不决，不敢表现自己；

——行动迟缓、拖沓；

——孤僻，独来独往。

身体状态

——不敢和别人有目光接触；

——疲惫；

——坐立不安；

——总是低着头，弯腰驼背；

……

想一想

这些描述有哪些和你的那位朋友很像？有和你自己很像的吗？

心灵驿站

有些人的自卑是一下子就能看出来的，就像你的那位朋友一样。但有些人的自卑却隐藏得很深，我们来找找那些隐藏的自卑吧！

自负——另一种自卑

付晓飞在别人眼里，是初二（三）班的风云人物，自称“小百度”。一到课间休息时，大家都能看到他和同学旁若无人地“侃大山”，从天文到地理，从科技到军事，似乎没有他不知道的。乍听起来，晓飞说得还挺像那么回事，但熟悉他的人都知道，他也只是“半瓶水响叮当”，对那些东西只是一知半解，甚至有些时候还为了给自己制造声势而编造故事。

最开始，还会有人纠正晓飞的错误，但只要他听到，就会和人争得脸红脖子粗，后来再也没人敢和他争论了。

就这样，付晓飞成了一个盛气凌人的孤家寡人，因为从他夸张的表现中，大家都看到了一个自负的家伙。

在心理学上，付晓飞这种表现就是自我膨胀，而大多数自我膨胀的人都有很强的自卑心理。相对那些因为自卑而有逃避行为的人，自我膨胀的人则是用一种过度的表现来补偿自己的自卑心理，让自己看起来更自信一些。其实，自卑和自负在本质上并没有什么区别。很多自我膨胀的人，都有很强的表演欲望。而在表演的时候，为了引起别人的关注，为了让自己看起来更权威、更有影响力，他们会不由自主地编造“事实”，不允许别人有反对意见，渐渐地就会给旁人留下自负的印象。

虚荣——背后的自卑心理在作怪

法国大作家莫泊桑写过一篇小说《项链》，小说中的主人翁是一位年轻美貌的少妇——玛蒂尔德·罗瓦赛尔，她的丈夫罗瓦赛尔是一个普通的科员，他们过着紧巴的日子，但玛蒂尔德却经常梦想能够过上富人的生活。一日，罗瓦赛尔夫妇接到了一个高级舞会的邀请，罗瓦赛尔先生欣喜若狂，夫人却愁眉苦脸，因为她没有像样的礼服，在一群富人面前穿穷酸的衣服，她是绝对不会干的。罗瓦赛尔先生咬咬牙，给了她四百法郎去做了一件像样的礼服。但问题又来了，玛蒂尔德又怕自己没有一件像样的首饰而被人看不起。在她决意放弃参加舞会之际，她突然想到了自己的好朋友福雷斯蒂埃太太，她去找她借了一串漂亮的项链，戴着它兴高采烈地参加了舞会。

在舞会上，玛蒂尔德感受到了前所未有的荣耀，她觉得自己成了舞会的焦点，比其他任何女宾都要漂亮、迷人，她的虚荣心得到了极大的满足。可是舞会结束后，当她还沉浸在欢乐之中时，她突然发现朋友借给她的项链不见了踪影。

罗瓦赛尔夫妇拼命地找，找了很久也没有找到那串项链。最后，他们不得不以三万六千法郎的高价买来一串相似的项链，还给了福雷斯蒂埃太太。为了这串项链，他们不得不辞退了女佣，换了房子，借了很多高利贷，过上了贫穷的生活。

玛蒂尔德因为一时的虚荣，偿还了十年之久的债务，当她终于把所有的债务都还清时，她已经不再是那个年轻漂亮的少妇，而成了一位沧桑的妇女。当她有一次偶然遇到老朋友福雷斯蒂埃太太时，她才知道，原来十年前那串项链是假的，顶多值五百法郎。

心理学家认为，虚荣心很大程度上是由自卑引起的，是自卑的外在表现。玛蒂尔德的内心深处就隐藏着自卑，她怕自己的低微身份被别人看不起，就想用华丽的礼服、奢侈的项链来掩盖。她越自卑就越不想被人看不起，因此在丢了项链之后也不想对朋友说出实情，而是靠借债买了一条相似的项链。玛蒂尔德的自卑与虚荣让她付出了整个青春，这样的代价是惨重的。而在现实中，类似《项链》的故事还在上演，那些隐藏在虚荣背后的自卑，还在悄悄地发挥着它毁灭性的力量。

嫉妒——自卑后遗症

在童话故事的海洋里，《白雪公主和七个小矮人》的故事可谓家喻户晓，我们都喜欢善良又美丽的白雪公主，却很讨厌同样也很漂亮的王后，这是为什么呢？我想这可能是因为嫉妒让王后本来漂亮的面容变得狰狞可怕。

王后有面神奇的魔镜，从镜子里可以得到一切问题的答案。所以，王后经常对着镜子问："魔镜魔镜，谁是世界上最美丽的女人？""王后，全世界最美的女人就是你。"可是，有一天，当王后再问魔镜同样的问题时，魔镜却回答说："王后，你曾是世界上最美丽的女人，可是现在白雪公主比你更美丽。"

漂亮的王后开始嫉妒了，她疯狂地迫害美丽的白雪公主，可是白雪公主总是能奇迹般地逃脱她的魔爪。这是因为善良的人不仅运气好，还能得到很多人的帮助。最后，白雪公主和心爱的王子在一起了，恶毒的王后也得到了应有的惩罚。

美丽的王后为什么嫉妒白雪公主比她漂亮呢？那是她的自卑心理在作怪，她从心底里觉得自己不如白雪公主，所以就一心想除掉她，但事与愿违，最终搭上了自己的性命。

你身边有喜欢嫉妒别人的人吗？你要知道，表面上看来，他们见不得别人比自己优秀，但实质上，他们从心底里认为自己低别人一等。

总的来说，自卑就是自我评价过低并伴随悲观、自责等情绪的心理状态。自卑可能是显而易见的，也可能是隐藏在内心深处的。其实我们每个人都或多或少地和自卑打过交道，正如心理学大师阿德勒所说："我们每个人都有不同程度的自卑感，因为我们都发现我们自己所处的地位是我们希望加以改进的。"

心灵自助餐

你自卑吗？

下面这份“自卑心理诊断”有助于你了解自己是否存在明显的自卑感及自卑的根源。本测验共有15个问题，每个问题有A、B、C三个选项，请你在与自己情况较符合的答案上打“√”。

1. 你的身高与周围的人相比如何？

A. 较矮　　B. 差不多　　C. 较高

2. 早晨，照镜子后的第一个念头是什么？

A. 再漂亮一点就好了　　B. 想精心打扮一下　　C. 别无他想，毫不在意

3. 感到寂寞或遇到讨厌的人和事时，你会怎么办？

A. 陷入深深的烦恼中　　B. 吃喝玩乐时就忘却了　　C. 向朋友或父母诉说

4. 看到最近拍的照片你有何想法？

A. 不称心　　B. 拍得很好　　C. 还算可以

5. 如果能够重生，下列三种中选哪一类好？

A. 做女生够难受的，做男生好　　B. 做男生太苦了，做女生好

C. 什么都行，男女都一样

6. 你被别人取过绰号、挖苦过吗？

A. 常有　　B. 没有过　　C. 偶尔有

7. 体育运动后，有过“反正自己不行”的想法吗？

A. 常有　　B. 没有过　　C. 偶尔有

8. 如果你所喜欢的异性同学与其他人更亲近，你会怎么办？

A. 灰心丧气，以后尽量避开那位异性　　B. 跟那位同性公开或暗地里展开竞争

C. 毫不在意，一如往常

9. 你是否想过五年或十年后会有什么使自己极为不安的事？

A. 经常想　　B. 不曾想过　　C. 偶尔想

10. 你受周围人们的欢迎吗?

A. 常有　　B. 没有过　　C. 偶尔有

11. 你有过在某件事上绝不次于他人的自信吗?

A. 有一两次　　B. 从来没有过

C. 在某些方面自己有这种自信,但对不是特殊之事并不介意

12. 如果碰巧听到有人在说你要好的同学的坏话,你会怎么办?

A. 断然反驳:"根本没有那种事!"　　B. 担心会不会真有那回事

C. 不管闲事,认为别人是别人,我是我

13. 当被别人称作"不知趣的人"或者"蠢东西"时,你会怎么办?

A. 回敬他:"笨蛋!没教养的!"　　B. 心中感到不好受而流泪　　C. 不在乎

14. 不管你怎样努力学习,在某门功课上都输给你的竞争对手,你会怎么办?

A. 尽管如此还是继续挑战,今后加把劲　　B. 感到不行只好认输

C. 从其他学科上竞争取胜

15. 老师批过的考卷发下来了,其他同学要看你的试卷你会怎么办?

A. 把分数折起来不让他们看到　　B. 将考卷藏起来　　C. 让他们看

计分方式:

1~3 题,A 得 5 分,B 得 3 分,C 得 1 分

4~9 题,A 得 5 分,B 得 1 分,C 得 3 分

10~12 题,A 得 1 分,B 得 5 分,C 得 1 分

13~15 题,A 得 3 分,B 得 5 分,C 得 1 分

请把 15 个问题的得分加起来计算出总分,与下面的总体评价标准对照,看看自己是属于哪个类型的,再阅读有关自卑类型的说明。

类型	Ⅰ	Ⅱ	Ⅲ	Ⅳ
得分	15~29 分	30~44 分	45~60 分	61~75 分

类型Ⅰ：环境变化造成自卑

你是个乐天派，对自己的能力、外表充满自信，极少有自卑感。如果你抱有自卑感的话，那往往是环境起了变化的缘故，譬如你进了各种出类拔萃的人物相聚一堂的学校或其他场所而未能充分体现你的个人价值时。

类型Ⅱ：动机与期望过高引起自卑

你有过高的追求，对自己的期望过高。你不满足于现状，你想出人头地，以至于去追求不切实际的目标。也可以说，你过分地追求成功，当无法实现目标时则往往陷入自卑难以自拔。

类型Ⅲ：过早断定自己不行造成自卑

你在做事情之前就贸然断定自己不行，自认为不如别人。这主要是你不了解周围人们的真实情况，不清楚使你焦虑的事情的本来面目。当你搞清楚后，会恍然大悟："竟是这么回事！"随后就会变得坦然。你的自卑主要是你的无知造成的，症结在于自认为不行，由此心灰意冷。

类型Ⅳ：性格怯懦造成自卑

用消极悲观的眼光看待事物，这也与你的自卑有关。你对自身的体魄和外貌缺乏自信，只看到不足与不利之处，因而遇事退缩、胆怯。

尽管自卑可分成上述四种类型，但造成你自卑的往往不是某一个方面的原因，而是多方面的原因。不过，其中必有一两个原因是主要的。一般来说，自卑心理的产生都经历了这样一个过程：由于某种原因（或某些原因）使你在某一方面（或某几方面）受到挫折，于是你的自尊心受到打击，你承受不住这种打击而使得自尊心"内化"，不再积极进取与表现自己。如此循环往复，你的自卑感不断加强，进而泛化，最终导致自卑心理的形成。

第三节 自卑是如何形成的

奥地利著名心理学家阿尔弗雷德·阿德勒(Alfred Adler)以研究自卑而出名。他从小就为自卑而烦恼，为了看清自己的自卑感从何而来，他不断努力研究，寻找真相，结果，自己的自卑感反而消失了。的确，只有探索到自卑的真相，自卑才会消失。因为当你找出自卑的原因之后，你才知道该如何消灭这个讨厌的家伙。那么，自卑是如何形成的呢？主要有以下几个因素。

因素一：盲目比较

从小我就有个宿敌叫“别人家的孩子”。

这个孩子不玩游戏，不聊QQ，天天就知道学习，每次都年级第一……

这个孩子可以九门功课同步学，妈妈再也不用担心他的学习了……

这个孩子能考清华、北大，能读硕士、博士。他不看星座，不看漫画，不玩电子游戏……

这个孩子琴棋书画样样精通，而我只会吃喝拉撒……

这个孩子长得好看，写字好看，成绩单也好看，就连他的手指甲都好看……

这个孩子每天花10块钱都觉得奢侈浪费……

想一想

在你的成长过程中，你也有这样一个“宿敌”吗？难道我们就真不如“别人家的孩子”？

生活中，父母似乎总是对我们不满意，总是喜欢“别人家的孩子”多一点儿。在父母的影响下，你是不是也变成了这样一个超级爱比较的人？和同学比谁穿的衣服更贵，谁的爸爸做的官大，谁的妈妈更漂亮……

为什么我们那么喜欢与别人比较呢？这样的比较到底好不好呢？

其实，通过与别人的比较来获得对自己的评价是我们常用的认识自己的方式之一。任何一个人都需要通过评价自己、认识自己，才能知道自己到底是一个怎么样的人。现实生活中很多时候并不存在放之四海皆准的评价标准，于是人们就需要将自己与他人进行对比才能够形成明确的自我评价。

比如，某次考试小王考了 95 分(满分为 100 分)，虽然已经接近满分，但是只知道自己的分数，小王并不能判断自己在所有的考试者中到底排名如何，只有通过了解所有人的分数，他才能判断，自己考 95 分到底算非常棒还是一般。

这种将自身状态与他人状态进行对比以获得明确的自我评价的过程，心理学家把它称作“社会比较”。而生活中，人们常常会不知不觉地拿自己的缺陷与别人的优势相比，总是羡慕别人什么都拥有，而自己却是这样的可怜，久而久之，这样盲目的比较就会造成内心的自卑感。

那一年，那个小男孩不过八九岁。一天，他拿着一张筹款卡回家，很认真地对妈妈说："妈妈，学校要筹款给灾区的小朋友，每个学生都要努力找到人捐钱。"

对小男孩来说，直接想到的人，就是自己的妈妈。小男孩的妈妈取出10元钱，交给他，然后在筹款卡上签名。小男孩静静地看着妈妈签名，想说什么，却没开口。妈妈注意到了，问他："怎么啦？"

小男孩低着头说："昨天，同学们把筹款卡交给老师时，捐的都是50元、100元。"小男孩就读的是当地的"贵族学校"，校门外，每天都有等候学生放学的小轿车。小男孩所在的班级在全年级里排名第一。班上的同学，不是家里对学校各项建设捐献较多，就是成绩较好。当然，小男孩属于后者。

小男孩知道家里的情况，所以小声地解释说："妈妈，我不是想和同学们比，可是10元钱比起同学们的50元、100元实在是相差太多了。而且，学校还举行班级筹款比赛，目前我们班已经领先了，我不想拖累整个班级，成为班里的笑话。"

妈妈把小男孩的头抬起来说："不要低头，要知道，你们同学的家庭背景非富即贵。我们必须量力而为，妈妈所捐的10元钱是用汗水挣来的，是妈妈对灾区小朋友的心意。其实这10元钱跟同学们的几百元钱相比都是一样的，甚至还要多！你是学生，只要在品德和学业上尽力为校争光，就是对学校最好的贡献了，就是最值得骄傲的了。永远都不应该跟别人比家里的财富，因为这不是正确的比较，你明白了吗？"

妈妈说的那番话深深地刻在了小男孩心里，他不仅学习到"捐"背后的意义，还认识到生活中不要盲目地进行不对称的比较。

故事中的小男孩成绩优异，本该是个自信的孩子。可是，他却认为别人都捐50

元、100 元，自己也不能太少，10 元钱根本拿不出手，还会拖班级的后腿。可见，盲目的比较不仅会让人对人生价值产生误解，还会造成心理上的自卑。

因素二：极度苛刻和追求完美

小艾出生在一个知识分子家庭，妈妈是小学老师，爸爸是大学老师，家教特别严，做什么事情都要追求完美。在这样的环境下，小艾的学习成绩很好，业余兴趣广泛，全面发展，是人人羡慕的对象。然而，小艾却从不认为自己是非常优秀的，反而认为自己缺点很多，心理压力非常大。

小艾性格中最明显的特点是追求完美，而几乎所有的完美主义者都是自卑心理非常明显的人。因为完美主义者对自己要求十分严格，事事都要求自己做到最好，给自己施加了巨大的心理压力。他们做一件事情时必定会全力以赴，当目标达成时，他们并不是体验成功的快乐，而是用挑剔的眼光发现仍有很多遗憾，并不断自责。每一次的成功给他们带来的都是新的压力，一次又一次的成功只是让他们背上一个又一个包袱。当结果没有达到自己的期望和要求时，他们更是难以接受，甚至会惩罚自己。

完美主义者在别人看来是非常成功的，可他们自己内心的体验恰恰相反，没有自我价值感，总是自我否定，极其自卑。

心灵驿站

你是完美主义者吗？来测试一下吧。请在下列各题中填入你最认同的选项。

A. 非常认同　　B. 说不清　　C. 不认同

1. 人应该得到自己生活中的每一位重要人物的喜爱与赞许。(　　)

2. 一个有价值的人应该在各方面都比别人强。(　　)

3. 对于犯错的人应该给予严厉的惩罚。(　　)

4. 如果事情的发展非己所愿，将是可怕的。(　　)

5. 很多不愉快的事都是由外在因素引起的，自己不能控制和支配。(　　)

6. 面对困难与责任很不容易，倒不如逃避更好。(　　)

7. 对危险与可怕的事情要随时警惕，防止其发生。(　　)

8. 人要活得好一点儿，就必须依赖比自己强的人。(　　)

9. 以往的经历和事件对现在具有决定性的、难以改变的影响。(　　)

10. 对于他人的问题应当非常关切。(　　)

11. 任何问题都有一个正确的答案，这个答案是唯一的。(　　)

计分方法：选择A得1分，选择B得0分，选择C得-1分。计算总分，分数越高，越说明你是一个追求完美的人。

因素三："飞来"的嘲笑

"我很小的时候爸爸妈妈就离婚了，我跟着妈妈一起生活，妈妈对我非常好，非常爱我，每天辛苦地工作来供我上学，周末还带我去公园和科技馆玩，我也非常爱她。上周五的下午，我在做值日时不小心撞倒了一个同学的桌子，他便大发雷霆，我们争吵起来，吵到激烈的时候，他说了一句'没爸爸的野孩子，看我怎么收拾你'，当时旁边的其他同学都哄笑起来。我非常生气，脸涨得通红，根本找不到话回他。事后我越想越生气，最后终于忍不住流下了眼泪……

那天之后，很多同学知道了我没有爸爸，似乎看我的眼光都不一样了，似乎都在嘲笑我……好想哭……”

——宇智

“老师您好，我是个男生，但是我的声音很像女生，同学们都嘲笑我，叫我‘娘娘腔’。我好自卑啊，上课的时候都不敢发言，下课也不爱跟同学聊天了……我该怎么办啊？”

——秦郁

“童话大王”郑渊洁说：“嘲笑别人危害社会，自嘲导致平安。”的确，“良言一句三冬暖，恶语伤人六月寒”，一句不经意的嘲笑会让人敏感的心受到伤害。我们每个人都不是完美的，都有不足的地方，无论是什么原因造成的，其实当事人心里都是非常难过的，毕竟谁不想自己十全十美呢。如果这时候再受到别人的嘲笑，我想谁都会感到难过，感到没面子。

因素四：胆小怯懦的性格

你身边有这样的人吗？他在家里不肯与客人打招呼，不敢独自去邻居家找小朋友玩，不敢独自睡一张床；在学校里，不愿和同学交往，很少在众人面前讲话，上课不爱发言，也不愿意参与各种活动，遇事爱哭，比较脆弱。

这样胆小怯懦的性格让他们在班集体中总是很沉默，很难交到朋友或者只有一两个朋友。

这样的人，内心是自卑的。他们通常具有以下特点：

一是害怕失败，在事情还没开始时就觉得肯定不会成功，因此总是轻易放弃。

二是害怕成功，这并不是对成功本身感到害怕，而是害怕追求成功的途中会失去某些东西或者成功后会引起什么麻烦，从而不愿意尝试。

三是性格中缺乏应有的坚强和毅力，依赖性强，自认为软弱，因而面对困难与挫折时会非常害怕，不知道该怎么面对。

因素五：过去的失败经历和心理创伤

我今年已经20岁了，可是还坐在高三的复读班里，迎接明年的高考。我现在状态一点儿也不好。我曾经是一个很优秀的人，老师们都很喜欢我，说我考个名牌大学是很容易的事，可一切都在初二那年出现了转折。那年，由于搬家，我转到了一个无论从哪方面来讲都非常差的学校。在那样的环境中，我没能坚守住自己的理想，反而被周围的环境影响，上课总是讲话或者看别的书，作业也经常不交，还总跟老师顶嘴。慢慢地，我由一个学习成绩很好、充满理想抱负的人，变成了一个所谓的坏学生。最后果然没考上高中，后来，父母花高价让我进了县高中。当时我告诉自己，一定要重新再来，找回从前的自己。可是，面对周围的种种诱惑，我又向不良因素妥协了，浑浑噩噩度过了高中三年。最终，高考惨败。

老师和父母都对我非常失望，我自己也很难接受这个现实，整天闷在家里，什么都不想干，也不愿意出门。看着别的同学都高高兴兴地四处游玩，兴高采烈地准备行李去大学报到，我却不知道未来在哪里，顿时觉得好绝望。

最后在父母的鼓励下，我还是选择了复读，希望再给自己一次机会。

可是高考失败的阴影一直萦绕在我的心头，让我做什么事情都没有信心，特别是最近几次模拟考都发挥得不好，离我的目标还差很大一截。眼看还有半年就高考了，我越来越怀疑自己到底能不能考上大学。

失败总是给人带来巨大的打击和无尽的痛苦，那些刺眼的画面、嘲笑的声音和心痛的感受总是挥之不去。而失败与自卑往往如影随形。经历重大的挫折之后，人的自信心往往会遭受极大的损害，在面对新的挑战时会心生怯意，不敢直面困难，甚至不战而逃。长此以往，自信心被消磨殆尽，这世界上就又多了一个自卑者。

而自卑又会反过来造成更多的失败，两

者互为因果。案例中的这位主人公就是这样，他之所以考试的时候发挥不好，成绩总是不能提高，就是因为上一次高考的失败让他对自己失去了信心，怀疑自己的能力。

此外，曾经受到惩罚或者虐待也会导致心理创伤，造成自卑心理。

心灵自助餐

谁都逃不了“社会比较”

心理学家所罗门·阿希（Solomon E. Asch）曾经做过一个有趣的实验：以大学生为实验对象，每组7人，其中6人是事先安排好的“串通者”，只有1人为真正的实验对象。7个人在桌子的一端坐成一排，真正的实验对象坐在最后。研究者站在桌子的另一端，向大家出示下面两张图片，其中一张画有标准线X，另一张画有三条线段A、B、C。X的长度明显与三条线段中的一条等长。研究者要求这7个人判断X线与A、B、C三条线中哪一条线等长。

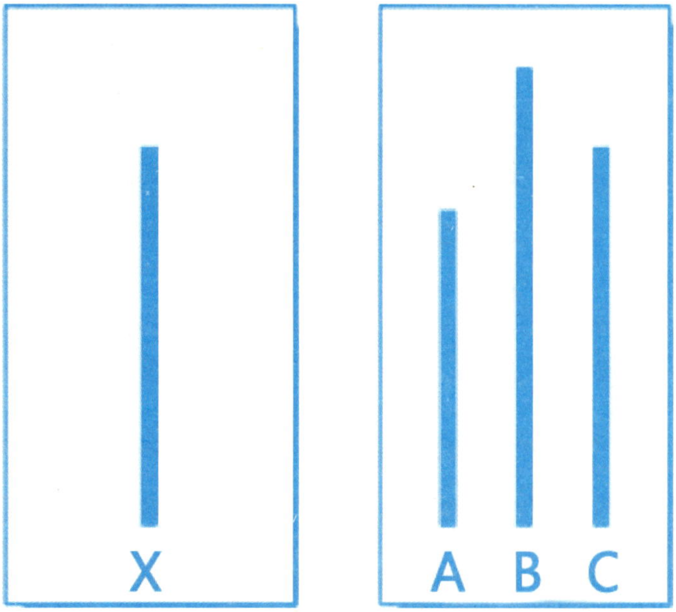

实验总共进行了 18 次，第 1 次和第 2 次测试大家的答案一致，第 3 次到第 12 次，前 6 名“串通者”故意出错，给出相同的错误答案。

你知道结果是什么样的吗？

结果，实验对象的正确率仅为 63.2%。在没有干扰的情况下，其单独测试的正确率是 99%。

这个实验说明：在没有客观参照标准时，人们往往会根据别人的判断来做出自己的判断，即使别人的判断是错误的，这就是我们常说的“三人成虎”。

同学们，如果参加实验的是你，你能坚持自己的答案吗？

第四节　自卑的危害

想一想

自卑到底是缺点还是优点呢？

我们来看看心理学家阿德勒是怎么说的。阿德勒认为，人类的全部文化都是以自卑感为基础的。在自然界中，人与其他动物相比是最弱的，在速度、力量、牙齿和爪子方面，人类都不如其他动物，但是人的长处正隐没在弱点背后。弱小导致的自卑感激励着人类不断努力奋斗，学习科学，探索宇宙，以弥补自身的不足。经过数亿年的进化，人类最终能够适应自然界，进入文明社会。

所以，人类地位的提升正是源于自卑感，全然没有自卑感是绝不可能成为一个卓越的人的。适度的自卑感能激发一个人的斗志，催人奋进。可是，当自卑成为一种习惯之后，就会产生很多消极影响。

（1）影响心理健康

自卑会导致一些不良情绪，使人容易感到焦虑、内疚，并且常有挫败感；难以集中注意力，精神涣散，对生活缺乏热情和兴趣，有时会因小事而闷闷不乐、悲伤、恐惧，长此以往易导致其他心理问题。

（2）影响身体健康

长期的自卑带来的消极情绪如果不能及时发泄或转移，会使人产生生理方面的问题，造成各种器官受损，导致各种身心疾病，如消化性溃疡、高血压等。

（3）影响人际交往

自卑会让人变得敏感、优柔寡断，容易挂心于区区小事，有时会让别人觉得心眼小、猜疑心重，因此自卑的人在与他人的交往中容易产生摩擦和矛盾，或者是不愿与人交往，喜欢一个人独处，将自己封闭起来。

自卑的人遇到事情总是谨小慎微，保守并且畏首畏尾，缺乏主张，不敢自己做决定，容易随大流，与人交往过程中不敢提出自己的合理要求。这样的人在集体中一般比较被动、拘束，不敢在公开场合说话或表演，缺乏参与团体活动的勇气，总是特别害怕面对挑战，因此常常因为胆怯而与机会擦肩而过。

心灵驿站

众所周知，跳蚤是世界上弹跳能力最强的动物。它可以跳到自己身高100倍以上的高度，这个高度是高于1米的。科学家在一个实验中把跳蚤放在一个刚好1米高的玻璃罩里，刚开始时，跳蚤十分用力地往上跳跃，可是每次都被玻璃罩挡了下来，而且它越用力，就撞得越痛。经过多次的失败之后，它慢慢地放弃了往外跳的想法。当科学家把玻璃罩拿开之后，发现即使没有玻璃罩，这只跳蚤也只能跳1米高了。

多次的失败会让人选择放弃，慢慢忘记自己的初心。同样，自卑若成了一种习惯，也会让人慢慢开始逃避机会和挑战。长此以往，必然会成为我们成功路上的绊脚石。

心灵自助餐

“罗森塔尔效应”产生于美国著名心理学家罗森塔尔的一次有名的实验中：他和助手来到一所小学，声称要进行一个“未来发展趋势测验”，并煞有介事地以赞赏的口吻将一份“最有发展前途者”的名单交给了校长和相关教师。其实他撒了一个“权威性谎言”，因为名单上的学生根本就是随机挑选出来的。8个月后，奇迹出现了。凡是上了名单的学生，个个成绩都有了较大的进步并且各方面都变得更加优秀。

显然，罗森塔尔的“权威性谎言”发生了作用，因为这个谎言对教师产生了心理暗示，左右了教师对名单上学生的能力的评价；而教师又将自己的这一无意识心理通过情绪、语言和行为传递给了学生，使他们强烈地感受到来自教师的热爱和期望，从而变得更加自尊、自信和自强，各方面得到了异乎寻常的进步。

在这里，教师对这部分学生的期待是真诚的、发自内心的，因为他们受到了权威者的影响，坚信这部分学生就是最有发展潜力的。也正因如此，教师的一言一行都难以隐藏他们对这些学生的信任与期待，而这种“真诚的期待”是学生能够感受到的。

同样，如果我们自我感觉不良，给自己贴上无能的标签，那我们的生活将会失去光彩。而如果我们欣赏自己，那我们就能自信地生活，并通过自己的努力获得成功。

第二章　摆脱体貌上的自卑

——丑小鸭也能自信地微笑

第一节　别叫我龅牙妹

点睛引言

自信是发自内心的，不是靠发卡或别的什么外界装饰物来增强的。

案例描述

小丹，一个 11 岁的小女孩，除了有一头黄黄的头发，还有一口龅牙外，长得和其他人没什么两样。但小丹觉得相当苦恼，天知道自己怎么会长出这样的头发和牙齿。特别是龅牙，她烦透了！她的爸爸没有龅牙，妈妈也没有龅牙，姐姐也没有龅牙……“为什么偏偏我有龅牙呢？”小女孩经常苦闷地问自己，也问爸爸妈妈。她说话的时候总不敢把嘴张太大，笑的时候也很“淑女”地捂着嘴巴。但是，大家总说起小丹的龅牙。偶尔，他们会冲着她叫：“龅牙妹！”这让小丹难过极了。“太伤自尊了”，小丹恨不得立刻把这些讨厌的龅牙全部除掉！可妈妈总说她还小，大一点再矫正。既然不能让龅牙消失，那就只好想办法把自己的缺点藏起来。

小丹开始尽量不说话，不开口大笑。这个办法真不错，很少有人议论她的龅牙了。但是，放学后，大家都在玩，她一个人孤零零地待在操场边上，她觉得好孤独、好寂寞……

想一想

你的某个特点被人议论过吗？

如果你长了龅牙，你心里会有什么样的感受？

你觉得同学们议论小丹时，她会有什么样的感受？

心理透视

龅牙在医学上称为上颌前突畸形或双颌前突畸形，是一种常见的牙颌面畸形。龅牙的确会影响美观，但一般不会对身体造成危害。“衣食足而知荣辱”，在当今吃穿不愁的时代，我们每个人都希望能有自己的个性，时刻展现自身的魅力。青少年正处于爱美的年纪，外貌上的缺陷很容易使他们陷入以下误区。

1. 把自己和自己的缺陷当作世界的焦点

每个人都生活在各种社会关系之中，没有人是孤立的。在这样一个相互联系的社会里，每个人都有被外界认可和尊重的渴望。我们希望自己在人前表现得尽善尽美，从而赢得别人的尊重。因此，我们很容易将自己的缺陷看得很重要，觉得别人一眼就能看出来，并会在私下里嘲笑自己。其实并不是如此，你并非世界的焦点。如果小丹没那么刻意留心自己的龅牙，对别人的嘲讽一笑置之，那么关于龅牙的玩笑会减少很多。人们整天都在担心和思考他们自己的事，而不是你的事情。想一想你自己是怎样度过每一天的。今天，你都想了些什么呢？是在想其他人在干什么，还是想你自己要做什么？显然，你思考的都是自己的事情。因此，你自己也好，你的缺陷也罢，都不是别人注意的焦点。

2. 太看重别人的评价

正确对待他人的评价，是生理和心理成熟的一种表现。青少年容易过多地关注别人的评价。在面对他人的正面评价时我们大都能欣然接受，但在面对他人的负面评价时却有些接受不了，容易情绪激动。其实，能正确对待他人的评价，是一个人成熟的标志。

有一个老生常谈的故事。有一天，朱哈赶着毛驴到集市去，半路上他对儿子说："你走累了，骑上毛驴吧。"结果，人们聚集在一起指着朱哈的儿子说："这是个不孝子。"儿子赶忙把毛驴让给父亲骑，人们又指着朱哈说："这是个硬心肠的父亲。"朱哈只得让儿子一块儿骑上毛驴，人们又围上来说："这只瘦弱的毛驴多可怜啊，你们真狠得下心来呀。"朱哈只好和儿子一起下来赶着毛驴走。这时，人们又惊奇地感叹："这两个人真傻，有毛驴不骑，要在地上走。"儿子对人们的责难感到诧异，说："凡事你们都责备，究竟要怎么做才能使你们满意呢？"

锦囊妙计

1. 转移注意力，关注自己的优点

小丹需要将注意力从别人的评价和自己的缺点转移到自己的优点上，如自己学习很好、很善良等。这样，就有信心和勇气面对大家的玩笑了。我们只有正视和接纳自身的不足，才有能力去接受恶意的信息，以平和的心态面对大家的嘲笑。别人的取笑就像流沙，你越挣扎，陷得越深。冷静沉着的态度会让那些取笑自己的人慢慢失去兴趣与耐性，自然而然，你就可以慢慢脱离那个曾经让你恐惧却怎么都没办法逃脱的漩涡了。

2. 走自己的路，让别人说去吧

“世上谁人不被说，谁人背后不说人？”我们每个人都生活在评价的海洋中，如何与海浪共处，这是一门学问。一样都是眼睛却有不一样的看法，一样都是耳朵却有不一样的听法，一样都是嘴巴却有不一样的说法，一样都是人却有不一样的想法。对于别人的评价，我们首先要了解其真实性，是认真严肃的还是带有玩笑性质的，是善意的还是恶意的。有道理的方面，我们虚心接纳；面对恶意的嘲弄和诽谤，我们要坚定自己的立场，肯定自己的价值。但丁说过：走自己的路，让别人说去吧！美国前总统罗斯福说：我不在乎别人对我的看法，不过我非常在乎我对自己的看法。

别人对自己外貌的评价都只是在表达他自己的理解，可能夸张了事实，也并不意味着你的全部。因此，不要太在意别人的评价。活在别人不经意的一句评价或刻意的嘲讽的阴影下，而评价者却浑然忘了此事，这样根本不值得。小丹可以这样自嘲：“龅牙下地可以刨地瓜，下雨可以遮下巴，你可以吗？”“龅牙喝茶可以隔茶渣，用餐可以当刀叉，你行吗？”“龅牙龅牙就是顶呱呱，怎么样？”

3. 自我悦纳，塑造别人拿不去的内在

再美丽的容貌也会随着时间的流逝而老去，而内在的美会像美酒一样历久弥香。作为中学生，我们除了努力学习外，还应努力塑造自己的品格，增加自己的内在修养，提升自己的能力，这些才是别人拿不去的东西。

一天，爱因斯坦在纽约的街道上遇见一位多年未见的朋友。那位朋友见爱因斯坦穿着旧大衣就劝他添置新的。爱因斯坦不以为然地说：“这有什么关系，反正纽约谁也不认识我。”几年后，他们又一次不期而遇，同样的情景再次被演绎。爱因斯坦

仍旧穿着那件旧大衣，那位朋友再度劝他添置新大衣。爱因斯坦笑笑说："何必呢，反正这儿谁都认识我了。"

由此可见，赢得人们尊敬的，永远是那些内在的东西。

心灵自助餐

从前有一个小女孩，特别自卑，总是感觉自己很难看。小女孩在街边饰品店看中了一个发卡。那个发卡太漂亮了，就像是公主戴的那种。小女孩不止一次地幻想自己戴上发卡之后的样子。终于有一天，小女孩攒够了买发卡的钱。她迫不及待地奔向饰品店买下了那个她日思夜想的发卡，别在头上就往外边跑，她要向全世界证明她是最美丽的公主。这时，刚好一位老绅士进来，小女孩和他撞了个满怀。小女孩连对不起都来不及说出口就跑出去了。她兴奋地在街上跑着，感觉所有人都在看她。她还听到人们在议论："这是谁家的孩子？这么漂亮。"小女孩更开心了，认为这就是发卡的魔力。小女孩摸摸口袋，还有一些零钱。她决定再去饰品店，那个饰品店的发卡肯定有魔力，她要变得更加漂亮。于是她又往回跑，跑进饰品店后却看见了那位老绅士，老绅士微笑着走过来："孩子，你刚才不小心把发卡撞掉了，我想你肯定会回来找它的！"

小女孩呆住了，摸摸头上确实没有发卡，这时她才明白，原来自信是发自内心的，不是靠发卡或别的什么外界装饰物来增加的。

第二节　小胖墩的烦恼

点睛引言

我知道，在我的身体里面，藏着一个更好的自己。

案例描述

文文是一名初一女生，胖胖的，性格比较内向。其实小的时候文文挺开朗的，从文文记事起，她就被别人称作“小胖妹”，但是小时候文文并不在乎，认为白白胖胖的也挺可爱。家里人也都没觉得她胖有什么不好，经常给她买爱吃的糖果、巧克力。但是，文文从小就烦恼一件事，那就是她总是比同龄人重好多，体检称体重时，医生总会嘱咐她一句：“小姑娘，该减肥了，再胖可就不好了。”尽管她听完心里也挺不舒服的，也曾立志要减肥，但是回家一看到妈妈做的好吃的就改变主意了。

转眼文文就上初中了，到了爱美的年龄，班上的女孩子在一起总会研究哪条裙子好看，怎么打扮更漂亮。每到这时，文文总感觉插不上话，似乎这些东西与她无关，渐渐地她开始不爱和小姐妹们聊天了。暑假里，同学们邀她一起去游泳，她也总是拒绝，因为她特别害怕别人看到她臃肿的身材。跟那些身材姣好的女孩比起来，文文总觉得自卑。后来她想反正也这样了，索性破罐子破摔。就这样，文文的体重越来越重了，也变得越来越内向，越来越沉默。

有一天，一个男生对文文说："你要是瘦一些，一定很好看。"这个男生是她们班的班长。班长是个高高瘦瘦的男生，学习成绩很好，很多女生都愿意跟他聊天。其实文文也挺想和班长做朋友，但是由于自卑，她从来没有主动和班长说过一次话。班长的话刺激了文文，她立志要减肥，而且劲头十足。从那天起，她开始不吃晚饭，早饭和午饭也吃得很少。减肥还真见效果，不出十天，文文就瘦了 5 斤，但文文开始感觉浑身没劲，有时候上课头晕晕的，精力很难集中。终于有一天上操时，文文晕倒在操场上。经医生检查，是减肥太猛了，导致营养不良。医生告诫她不能再这么减肥了，否则身体会垮的。文文这下害怕了，再也不敢节食减肥，恢复了以前那种大吃大喝的状态。过了一段时间，学校组织体检，她一上秤，体重反弹，又重了两斤……

想一想

为什么文文长大后就不满意自己的体重了呢？

你会为了别人的一句话而减肥吗？

文文哪里做错了呢？

心理透视

一般来讲，超过正常体重 30% 才能算是肥胖，但在当今以瘦为美的时代，对苗条身材的追求已经成为一种潮流，因此大部分女生都会觉得自己体重超标。减肥问题困扰着许多女孩子。文文从以前的满不在乎到后来的立志减肥，其行为是可取的，但她却因为肥胖而陷入了以下误区。

1. 对相貌过度关注

青少年时期，是自我认识趋于成熟的时期，爱美意识不断增强。

从案例中我们可以看出，文文从小就胖，但是小时候她并没有把这个太当回事，性格活泼开朗。随着年龄的增长，她开始在意自己在别人心目中的形象。在那些身材姣好的女孩子面前，文文开始感到自卑，开始不爱说话，不爱笑，性格越来越内向。对身材的过度关注，使文文深陷自卑之中。

2. 行为过于极端

中小学阶段，因为身体发育，学习任务重，人际方面的挑战和压力等原因，青少年的情绪呈现出强烈和不稳定的特点。可能刚才还兴高采烈，一会儿就“晴转多云”，甚至“电闪雷鸣，暴雨倾盆”了。因此，容易冲动地做出极端的行为。文文从小爱吃，到初中时开始关注自己的身材，后来她觉得反正这样了，干脆破罐子破摔、自暴自弃，导致越来越胖。后来，她为了班长的一句话而节食减肥，每天只吃很少的饭，导致营养不良，反而耽误了学习。这种对自己身体不负责任的极端做法是不对的。青少年时期，正是我们身体和大脑发育的关键时期，过度控制饮食，营养供应不足会对我们的身体造成不良影响。而且因为遗传等原因，我们每个人都有“适合”自己的身材，只有在这一体重范围内我们的身体机能才能正常运作，因此保持适度的体重才是健康的选择。

锦囊妙计

1. 我运动，我健康，我快乐

适当的运动是保持身材的最佳途径。经常参加体育锻炼可使肌体产生极强的舒适感。在各种体育项目中，我们可以感受到运动的美感、力量感、韵律感，从而陶冶情操，开阔心胸，激发自己的信心和进取心。经常从事体育活动和身体锻炼可促进肌体的新陈代谢，提高神经系统的活力，增强呼吸系统的功能，使大脑供氧充分，进而使记忆力增强，思维更加敏捷灵活。可见，适当的体育锻炼不仅可以帮助我们保持身材，促进我们的学习，还可以缓解我们焦虑、抑郁的情绪，使我们更加快乐。步行、慢跑、骑自行车等都是很好的选择，男生还可以打篮球，女生可以跳绳等等。坚持每周三次，每次半个小时的运动习惯，你的生活会更加阳光！

2. 笑，可以绽放你的魅力

微笑是世界上最美丽的语言，它使人与人之间的沟通变得简单。无论你处在何种复杂的环境中，都不要忘记保持微笑。发自内心的微笑可以增添你的自信，还可以化解很多烦恼。无论你有什么样的缺陷，遇到了什么样的困难，尝试多笑一笑，你会发现生活大变样。

3. 控制情绪，减肥循序渐进

遇到问题时，应尽量保持冷静，别把事情想得太复杂，没有什么事情是严重得无可估计的，学会用积极的态度去面对人生。当情绪激动时，为了避免自己有过激行为，可以尝试深呼吸，让自己平静下来。在平静的心态下做决定，才能避免走向极端。

任何事情都不是一蹴而就的。减肥也是如此，需要循序渐进。为自己制订一个健康的减肥计划，合理控制饮食，多运动，长期坚持，定会成功。

心灵自助餐

毛毛虫知道，在它的身体里面，藏着一只蝴蝶。

是的，它一直都知道，一刻也不曾忘记。当它慢吞吞地爬过菜叶的时候，它在想着这件事；当它贪婪地把叶子咬出一个个小洞时，它在想着这件事；当它舒展身体晒太阳的时候，它在想着这件事；当它亲吻一朵美丽的小花儿时，它在想着这件事……

“我要挑最鲜嫩的叶子吃，”它对自己说，“这样当我变成蝴蝶的时候，才会有艳丽的色彩。”“我要多多地吃，”它对自己说，“这样当我变成蝴蝶的时候，翅膀才会有力气。”“这金色的光线多么温暖，”它对自己说，“最重要的是，它将变成金粉装点我的翅膀。”“这朵小花多么可爱，”它对自己说，“将来我的翅膀上面，也会开出美丽的花儿来。”

“哎呀，毛毛虫！好丑好恶心哟！”一个小女孩指着它叫道。这样的话毛毛虫听得多了，一点儿也不会破坏它的好心情。“哼，我将长出一双美丽的翅膀，”它对自己说，“人类小女孩就做不到这一点。”这样想着，毛毛虫骄傲地昂起它的小小脑袋，慢慢爬走了。

我知道，在我的身体里面，藏着一个更好的自己。是的，我一直都知道，一刻也不曾忘记。

我从来都不挑食，我知道所有健康的食物都将变成我的一部分，成就一个更好的自己。

我努力地读书，我知道所有那些有趣的书、严肃的书、美丽的书、智慧的书，最终都将变成我的一部分，成就一个更好的自己。

我喜欢认识新朋友，我知道所有那些善良的朋友、聪明的朋友、慷慨的朋友、睿智的朋友，他们的友情以及他们的美好天性，最终都将变成我的一部分，成就一个更好的自己。

我喜欢亲近大自然，我知道所有那些美丽的山水、阳光、花香和清新的空气，最终都将变成我的一部分，成就一个更好的自己。

每天早晨，我都会在镜子面前照一照自己；每天早晨，我都会在镜子里看到一个普普通通的小姑娘。可我知道，在我的身体里面，藏着一个更好的自己。就像毛毛虫会变成蝴蝶，种子会长成大树，我也会变成一个更好的我。

第三节　为什么我总是长不高

点睛引言

每一朵鲜花都能向阳舞蹈。

案例描述

小学六年以来，阿超的个子一直都是班上最矮的，比好多女孩子都矮。父母给他取名阿超，就是想让他身体强壮，处处超过别人。可不料，事与愿违，阿超为了自己身高的事苦恼不已。

一次，阿超吃过午饭回二楼教室的时候，突然被校长叫住了："你是不是走错了？二楼是五六年级的教室，三四年级的教室在走廊那头。"校长看阿超个子小，就以为他是低年级的。阿超没想到校长居然把自己当成低年级的学生，尴尬得一句话也说不出来，只是红着脸点了点头……

阿超和江泰一起学了两年的跆拳道，从来都没旷过课，因为知道规律运动才能长高，所以阿超练习得比任何孩子都用心。其他孩子都长高了很多，江泰一年就长高了大约 5 厘米，可是阿超还是老样子，连 1 厘米都没长。馆长说只要努力一定会长高，其他人也都这么说，说得阿超耳朵都长茧子了。据说吃药能长个子，阿超吃了一大堆中药、西药，吃得直想吐。

更要命的是学校组织体检，到了量身高处，医生让脱掉鞋子量净身高。阿超每天都穿着增高鞋，当着这么多同学的面脱掉鞋子量，不是露馅儿了吗？在医生的催促下，他硬着头皮脱了鞋，只听见同学们在起哄，还没听清医生说身高多少，阿超就迅速穿上鞋子跑掉了……

想一想

当被校长误认为是低年级的学生时，阿超是怎样的心情？

个子矮的同学应该怎样培养自己的自信？

你身边有个子比较矮的同学吗？我们应该怎样对待他们？

心理透视

身高困惑是很多男孩子都会遇到的问题。高大挺拔的身材的确会给人良好的第一印象，也会树立威武的男子汉形象。除此之外，打篮球等户外运动也对身高有所要求，所以对于男生而言身材矮小确实不利于自信品格的养成。被校长误认为是低年级的同学，体检时被同学发现穿内增高鞋，都是尴尬的事，因此阿超的烦恼是正常的，也是可以理解的。但阿超在烦恼身高的同时也存在以下两个问题。

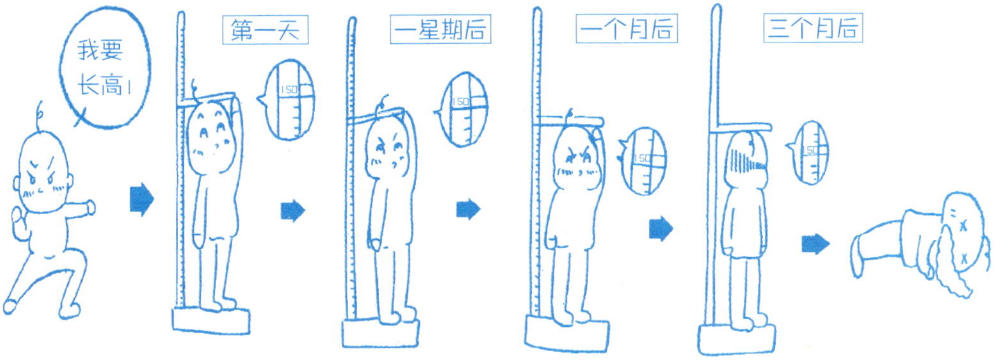

1. 心态过于迫切

青少年处于身体迅速发育阶段，身材尚未定型，不用操之过急。阿超还是小学六年级学生，年龄还小，还有长高的空间。也并不一定幼年时矮小就一辈子矮小，有的人就是发育比较晚。而且男孩发育要比女孩晚，因此，在小学阶段男生比女生矮是正常现象。阿超每天都关注身高问题，却不见成效，当然会心情烦躁。但身体的生长发育有其自身的规律，我们再操心也无济于事。研究发现，情绪和身高之间有一定的联系。压力过大且长时间处于焦虑状态会导致内分泌系统功能的紊乱，从而影响生长激素的分泌，最终导致长不高。其实只要摄入足够的营养和适度运动，不急功近利，肯定会有效果的。阿超就是心太急，希望得到立竿见影的效果，才会如此烦恼。当然，我们不否认遗传因素，如果父母都不是很高，那么我们长成高个子的可能性会比较低，既然这样我们何不保持一个良好的心态，接受这样的事实？

2. 不能客观地看待自己

我们固然希望自己各方面都出色，但十全十美的人并不存在。我们每个人都有优点，也有缺点，但是这并不会影响我们去过快乐的生活。我们不能只看到自己的优点，那是自负；我们也不能只盯着自己的不足，那样就会郁郁寡欢。

客观地认识和评价自己，意味着既看到自己的优点，肯定自己；又明确自己仍有不尽如人意的地方。对于可以改变的尽量去改变，没办法改变的则接受它，承认它是自己的一部分，承认自己不够完美。阿超只是片面地看到了自己身高的劣势，却没有正视它、接纳它，更没有换个角度去发现自己在其他方面的优势，没有客观全面地看待自己，因此不可避免地掉入了自卑的漩涡之中。

锦囊妙计

1. 悦纳自己

能对自己做出恰当评价的人，才能了解自我，接受自我，体验自我存在的价值。一个悦纳自己的人，并不意味着他的一切都是完美的，而是说他在接受自己优点的同时也了解自己的缺点，能坦然地承认并接受自己的不足之处。这是一种修养，也是一种难能可贵的品质。身高并不是我们的全部，身材矮小更不是我们人生的全部。我们身上肯定还有其他长处，为自己的生活做一个公正的裁判吧！

其实，矮个子虽然有烦恼，但你有没有想过矮个子也有优势呢？从生物学角度讲，个子矮未必“质劣”。有学者认为，身高每增加 2.5 厘米，便多消耗 5% 的能量；矮个子的心脏负担要比高个子轻。还有“矮个长寿”一说，德国维尔兹堡医科大学的教授，曾用 15 年时间对 575 名百岁老人进行调查，发现其中的 165 名男性平均身高为 167 厘米，410 名女性平均身高为 157 厘米；有研究者对美国历届总统进行调查发现，矮个儿和高个儿总统的平均寿命分别为 80.2 岁和 66.4 岁；日本一长寿村中，80~90 岁老人的身高均在 150~160 厘米之间；我国有学者曾对湖北省 88 名百岁老人进行调查，发现其平均身高为 143 厘米。

2. 变劣势为优势

大家都知道篮球运动员的一个必备因素是个子要高，对于美国职业篮球联赛的运动员来说，这一条件尤其重要。但有这样一个矮个子传奇——马格西・博格斯，身高只有 160 厘米，却是鼎鼎有名的美国男子职业篮球联赛的运动员。长得矮，抢篮板、盖帽、投篮、灌篮都不占优势。但这样的不利条件并没有让马格西・博格斯丧失斗志。相反，他觉得自己有重心低、动作敏捷的优势。为此，他刻苦训练，练好控球技术后几乎无人能敌。他能让那些大个子弯着腰满场跑；而且个子矮容易被人忽视，更有“空子”可钻。最终博格斯成了史上最矮的美国男子职业篮球联赛的运动员。

因此，只要运用巧妙，劣势也会成为优势。如果我们能够积极地看待身高这件事情，使其成为我们成长之路上的动力，我们反而更容易成功，因为人们都存在补偿心理，即用另一方面的成功来补偿其他方面的不足。

3. 扬长避短

如果不能有效地将我们的弱势转变为优势，那我们应当学会扬长避短。当今社会，无论我们做任何事，在辛勤付出的同时，更需要了解客观事实，扬长避短，发挥自己的优势，这样才能更好地发展自我，实现人生的价值。

兔子是短跑冠军但不会游泳，这是由其先天条件决定的。它只有发扬短跑的特长，不去学习游泳之类的薄弱项目，才能在优势项目中立于不败之地。否则，游泳没学会却把短跑给忘了，那就得不偿失了。

纵观古今，扬长避短成就人生的人比比皆是。春秋时期，田忌通过用下等马对上等马，中等马对下等马，上等马对中等马的方式来弥补自己马匹的不足，从而赢得胜利；抗战时期，中共中央放弃走苏联红军“城市包围农村”的老路，毅然决定发挥自身优势“以农村包围城市”，最终取得了战争的胜利；我国著名的文学家钱锺书，虽然年轻的时候数学不及格，但是他努力发扬自己的长处，终在文学方面成为一代大师。

一位名人曾经说过：“人必须悦纳自己，扬长避短，不断前进。”一个成功的人，他一定懂得发扬自己的长处来弥补自身的不足，扬长避短，脚踏实地地朝着人生的既定目标迈进。

心灵自助餐

良好的生活习惯能帮助你长高，以下是几个建议。

(1)保证合理的饮食和充足的睡眠。身体发育所需的能量、蛋白质和氨基酸必须由食物供给，主要是肉、蛋及豆类食物等。骨骼的生长发育还需要足够的钙、磷及微量的锰和铁等。钙摄入不足或维生素D缺乏时，会造成骨骼矿化不足；维生素A缺乏会使骨骼变短变厚；维生素C缺乏会使骨细胞间质形成缺陷而变脆，这些都会影响骨骼的生长发育。保持充足的睡眠，晚上 11 点 ~ 凌晨 2 点是人体生长激素分泌最旺盛的时候，应早睡早起。

（2）适当进行体育运动。体育运动可加快机体新陈代谢，加速血液循环，促进生长激素分泌，加快骨组织生长，有益于人体长高。可以多打篮球，多做跳跃运动。其实阿超在这一点上做得挺好的，持之以恒，慢慢地效果会出来的。

（3）挺直你的脊背，立刻“长高”2 厘米。自信地走路，把背挺直，你会发现自己“长高”了不少，也精神了不少。

（4）保持好心情。情绪低落、情绪不稳定等会导致食欲不振、睡眠质量不佳，从而影响身体发育。

第四节　我多想有个健全的身体

点睛引言

热爱并感谢你的身体，因为从过去到现在，你的身体一直在默默地为你做着一切。

案例描述

小军非常悲观和忧郁，因为左腿的残疾，他变得与众不同。他不能像其他孩子那样正常地行走，更不能欢快地跳跃奔跑。小军的左腿是在2008年“5·12”地震中受的伤。那个时候他才10岁，正是天真烂漫的年纪，不懂什么是悲观，不知什么是绝望，只知道无忧无虑地玩，憧憬着自己美好的明天。可是，地震完全打破了他快乐的生活。

“5·12”地震当天，他被压在了废墟里。在黑暗的废墟里，小军凭着坚强的毅力活了下来。但是，被抢救过来的他发现，自己的腿瘸了。他不相信命运会如此和自己开玩笑。“是不是这只是一场梦，一场噩梦。梦醒来之后，一切又可以回到过去？”他常常这样想。可是，现实是残酷的，事实已无法改变。他的忧郁和自卑感随着年龄的增长越来越重，他拒绝所有人靠近他。“可以说我的童年是充满灰色的，承受着比别的同龄小孩更多的磨难和屈辱。我记得有一次，班上一个顽皮的同学学我走路的样子，嘴里还不住地讥笑，当时我倍感气愤，却又无可奈何……”小军说。

他要面对路人异样的眼光，要承受生活中的种种不便。别的同学轻而易举就能做好的事，到小军这里，要花费更多的时间和精力。以前可以肆无忌惮地奔跑，可以畅想无尽的未来，现在都变成了空想。小军一下子觉得自己变老了好多岁，生活暗淡无光。

想一想

你身边有没有人身患残疾？

你能否体会他们生活中的不便？

你从他们身上看到了哪些品质？

心理透视

“5·12”地震中，有很多人失去了生命，很多人家破人亡，也有很多人失去了手臂或腿。地震、海啸、泥石流、洪水……这样的自然灾害，我们无法避免。但不是说身体残疾者就不能过上快乐幸福的生活。现实生活中，许多残疾人敏感多疑、封闭孤独，不愿面对现实，无法承受挫折，有很强的自卑心理。他们的自卑心理究其原因，有以下几个方面。

1. 自身生理缺陷

一些人由于先天或后天因素，身体出现缺损或某种功能丧失，丧失了独立生活的能力，这导致他们自我评价过低，漠视自己的潜能，销蚀自己的意志，淡漠自己的情感，伴随着这种认识的是“我不行”“我真的不行”“什么都不行”“怎么也不行”“我就是不行”这样一连串的自我否定。自卑感在他们的脑海里盘旋不去，影响了他们直面问题的勇气以及对生活的热情，使他们逐渐向这个世界关闭心门。久而久之，他们的性格变得孤僻、胆怯，意志消沉，最终丧失对生活的信心。身残之后，他们往往在自卑之中自怜，希望获得人们的同情和帮助。他们也会深深地抱怨父母，抱怨命运，认为天地之间难以容身，人海茫茫，唯我多余。

2. 缺乏成功的体验

每个人都有自我意识，都需要有对自我价值的肯定。在当今时代，竞争越来越激烈，残疾人更面临着残酷的现实。因为自身生理上的缺陷，他们在某些方面的能力可能会落后于别人。当看到别人成功后的快乐，他们就会更深地陷入失败的痛楚中，心理压力也就更大。如果残疾前的自己很优秀，那么残疾后会有更强烈的心理落差。当无法承受压力时，他们就会出现问题。如果长期遭受失败，他们就容易丧失勇气和信心，认为自己不如别人，从而形成自卑心理。

3. 家庭和社会对残疾人的错误态度

一些人对残疾家属缺乏信心，视其为负担，认为他们的缺陷惹人讨厌；另一些人则恰恰相反，他们把残疾家属特别是孩子的生理缺陷视为自己的过错，对残疾的家人怀有负疚心理或是认为他们很可怜，所以事事包办、代替，这都会导致身患残疾的家属的依赖和软弱。另外，社会对残疾人的关注和关心不够，很多人还存在着歧视、漠视残疾人的问题，使残疾人感到孤立无助，这也会让他们产生自卑心理。

锦囊妙计

1. 肯定自己的价值

著名心理学家阿德勒指出，器官有缺陷的人通常比身体正常的人有更大的成就。例如，视力不良的儿童要花较多的精力才能看清东西。他们对视觉的世界，如色彩和形状给予了较多的注意，所以他们对视觉的经验要比常人更多。世界文化史上有著名的三个怪杰，著名诗人弥尔顿是瞎子，大音乐家贝多芬是聋子，天才小提琴演奏

家帕格尼尼是哑巴。上帝吝啬得很，决不肯把所有的好处都给一个人。当你遇到不如意时，不必怨天尤人，更不能自暴自弃，因为我们都是被上帝咬过的苹果，只不过上帝特别喜欢你，所以咬的这一口更大罢了。

你只是拥有和圣人一样的缺点，从现在起，肯定自己的价值！

2. 绝不放弃对美好生活的追求

任何人、任何事都不可以阻挡我们对美好生活的向往。当你哭泣自己没有鞋子穿的时候，你会发现还有人没有脚；当你抱怨自己没有脚的时候，也许有人连腿都没有……世界上没有哪一个人是最不幸的，因为每个人的幸与不幸都不能相提并论。更何况我们所谓的不幸的人，他们仍然幸福地生活着，为什么我们不能好好地活下去呢？我们总是对自己的不幸耿耿于怀，而对别人的不幸视而不见。我们总是羡慕别人的幸福，而对自己的幸福熟视无睹。你并不是世界上最不幸的人，你至少还能走路，还能看见五彩缤纷的世界，还能听见鸟啼虫鸣，还有可以创造财富的双手，还有亲人朋友，这都是我们实实在在拥有的幸运。

每个人的能力都是有限的，只有充分了解自己的能力及特点，审时度势之后，才能确定适合自己人生的奋斗目标。制订目标时，我们量力而为，在实施过程中，我们竭尽全力，努力使个人价值得到体现，使自己的心理机能始终处于良好的状态，从而巩固和增强自己的信心。如果仅凭良好的愿望和热情去制订目标，其结果往往是目标落空，自己的心理也遭受打击。因此，不苛求自己，把人生奋斗目标定在自己力所能及的范围内，才能使自己脚踏实地向前发展。

3. 学会自我调节，保持乐观、积极的情绪

情绪对身心健康有着重大影响。稳定而良好的情绪会使人心情开朗、精力充沛，对生活充满信心。在现实生活中，残疾人难免会遇到不良刺激，产生不良情绪，因此，应学会自我调控情绪，培养良好的情绪调控能力。另外，积极投身社会活动、扩大人际交往也是保持心理健康的有效途径。投身社会活动可以增进对他人的理解，开阔心胸，感受到他人的温暖，得到心灵的慰藉，体验到人与人之间真挚的情感，减少心理危机感。

心灵自助餐

艾薇·麦当劳在担任护士工作时，被诊断出罹患肌萎缩侧索硬化症（ALS），随后病情急速恶化，全身肌肉不断萎缩。当医生宣布坐在轮椅上的她只剩六个月可活时，艾薇只希望能在死前好好善待自己。可是当她看着镜子里的自己时，她却觉得厌恶。接下来的几个月她过得非常艰辛，第一步便是记下对自己身体的负面批评，同时也写下有多少正面的肯定。“我每天看着自己的身体，挑出一项我所能接受的……我没办法明确指出从什么时候开始转变，但是有一天我突然发现我对自己的身体不再有负面的想法，我可以看着镜子里面的自己，很真诚地赞叹它的美好。”

就在这个时候，艾薇的身体状况不再恶化，病情也开始呈现逆转的趋势。

很少有人热爱并尊重自己的身体，大部分人都希望自己能瘦一点儿，或肌肉更发达一点儿，要不就是希望长得高一点儿，或是脸上的雀斑少一点儿。特别是对于自己身体上的残缺，表现得更为不满。

但从过去到现在，你的身体一直在默默地为你做着一切，未来也是如此。学会爱自己的身体，感谢自己的身体，这样生活才能更加快乐平静。

第五节　我好想换一个性别

点睛引言

上帝给了什么，我们就享受什么。

案例描述

唉，男生我当腻了，如果能交换性别该多好啊！当男生实在太累太累了！啥事都要我干。粗活是男生的事，细活是女生的事，女生就没男生那么累。

男生课余时间还要报篮球班，很累。女生就不同了，报个钢琴、舞蹈什么的就行了。唉！当个女生多好呀，就不用受苦受累了。父母都把男孩管得狠一点，女孩养得娇一点。如果是女生，跟父母撒撒娇也无妨，但如果是男生的话，撒娇是多么羞耻的事啊！

要说穿衣服，女生穿的衣服男生不能穿，男生的衣服女生照样能穿，还让人觉得很帅。

当女生就是好，如果我是个女生该多好啊！

——初一（5）班　苏马赫

我是一个女生，但我不喜欢像其他女生那样娇气与任性。我不喜欢刻意打扮自己，喜欢像男生一样，穿得干练、帅气。我从小就不喜欢布娃娃之类的东西，而喜欢汽车模型之类的玩具。我喜欢和男孩们一起聊天、打球以及天马行空般地幻想。于是，自然而然地，女性伙伴们开始逐渐排斥我，而男孩子们却亲切地称呼我“哥们儿”。

其实，我只是一直很喜欢男孩子的帅气，欣赏男生之间的友情。男生之间，无须太多的语言，却有着默契与信任。我特别羡慕男孩们在进球后的一击掌。我时常在想，“如果生来是男孩就好了”。我十分羡慕男孩子，遗憾自己不是个男子汉。我开始厌恶自己的生理特征，进而讨厌整个自己。

后来，我想明白了，我是个女生，这无法改变，我也不会去刻意改变。但我依然是我，不用去在乎别人的看法。

——初二（1）班　刘丹

想一想

男生和女生有哪些不同？

你认为男生好还是女生好？

你周围的人对性别有偏见吗？

心理透视

生活中像苏马赫和刘丹这样对自己性别不满意的人还有很多。他们其实并不是真的讨厌自己，只是还没对性别形成独立、稳定、全面的看法。

1. 受异性性别优势的诱导

有的女孩天生喜欢豪爽的个性，于是羡慕男生，觉得家人对其约束较少，可以大大咧咧、肆无忌惮地玩；有的男生发现女生比较容易受到保护，女生性格更加细腻，讨人喜欢，会很羡慕她们。

青春期是性别角色发展的关键时期，也是性别角色追寻过程中最为矛盾、最为冲突的时期。这时的女孩子，对女性的性别角色的认识还不是很清晰，对父母、社会赋予自己的角色期待常常有些抵抗，反感“窈窕淑女”“大家闺秀”“温顺亲和”这些女性的修饰词。男孩又何尝不是如此？此时，何为男子汉，在他们心目中已有了雏形，无论这有多不完善，他们喜爱这一形象，也为自己是个男性而自豪。但是，他们又时常感觉自己的实际能力与社会的角色期待有差距。想独立，却又依赖；想果断，却又盲目；想追求成功，却又恐人讥笑；想勇敢，却又胆怯。他们努力想成为男子汉，却又常常在压力之下困惑不已。

这时，他们迷茫了，又发现异性有很多其他优势，如在学习上，男生会发现女生英语厉害，作文也写得好，处处受老师夸奖；女生会发现男生化学、数学学得又好又轻松，因此心生羡慕甚至嫉妒。有的概括化甚至绝对地认为换一个性别才是最好的。

因此，世界上总会有个别男生想做女生，也有女生想如果我是一名男生就好了。这都是片面看待问题的结果，也是他们对自己性别感到不满的原因。

2. 受家庭或社会的影响

世界是一个舞台，会上演很多节目，也如戏剧一样，需要各式各样的角色。我们每个人都扮演着各种不同的角色。角色可以分为两种，一种是先天的，如性别；另一种是后天获得的，如职务。因为各种原因，你或你的家人可能对你个人先天或后天的角色有这样那样的期望。而期望和现实之间又可能会有出入，比如有的父母比较喜欢男孩而孩子又恰好是个女孩，或者偏爱女孩却生了一个男孩，所以对现有的孩子的性别不是特别满意。这样，无论是父母还是孩子，心里都会产生落差。特别是孩子，会觉得自己不被宠爱，是多余的。有弟弟妹妹的孩子，更会觉得是小弟弟或小妹妹争抢了自己在家里的地位，争抢了父母的关爱。

锦囊妙计

1. 发挥自身的优势，你也可以很成功

人们常遇到的事有两种，即可以改变的事和不可以改变的事。可以改变的事我们一般能坦然面对，而不能改变的事却习惯采用抱怨的态度来面对。对生活的抱怨我们在许多场合中都能听到。事实上，生活中有很多事情我们无力改变，所以我们必须学着去接受，从最乐观的角度去审视它们，而不只是一味地抱怨。

其实，自己的性别并不是如我们现在所想的那样一无是处，用心找一找我们的性别的优势。如男生更加果敢、稳重、有魄力、能吃苦；女生表达能力出众、考虑周到、亲和力强、感情细腻。如果你还是很欣赏并且具有异性的某些特质，同样也可以换种方式来弥补。比如细致、敏感的男生，容易在化妆、设计等方面获得成功；干练、豪爽的女生，同样也可以在管理、律师等行业做得有声有色！

2. 理解我们的父母

如果是因为父母的原因而对自己的性别不满，那么请原谅你的父母。父母并不是圣人，他们也都是凡人，都是第一次尝试着做父母。世界上有教导如何做一个好老师、好司机、好医生、好护士的课程，但没有专门的课程教授怎么去做一个好父母。父母受爷爷奶奶、外公外婆和社会的影响，也会有错误的观念。我们不应该苛求父母必须像我们理想中的那样懂我们、爱我们。正如朋友之间会有亲疏之别一样，父母和孩子之间也有亲密和疏远的差异，请不要因此就认为父母不爱自己。

3. 捍卫属于自己的权利

不论性别、种族、年龄或是否残疾，我们每个人都是平等的。每个人都有得到他

人应有的尊重的权利；有做真实的自我，而非他人期望的自我的权利；同时，也有表达并坚持自己的想法的权利。

如果你还是感觉受到不公正待遇，请坦率地告诉爸爸妈妈，或者告诉其他长辈或老师，真诚地与他们进行沟通，不要把自己的委屈与困惑压抑在心中，别让自己成为别人理想的牺牲品，你其实已经做得够好了。在这个过程中，也请你认真地倾听父母或老师的心声，了解他们的期望和真实的想法。相信这种敞开心扉的沟通，可以让你们的心灵更加贴近，郁闷的心情当然就会像阳光下的白雪一般迅速消融。

心灵自助餐

男生女生爱自己

无论是男性还是女性，都有属于自己的性别优势。心理健康课上，老师让同学们针对“男生好还是女生好”开展一场辩论。请同学们现在集思广益，帮他们想一想，自己的性别有什么优势呢？一起来头脑风暴，完成下面的空白。

我是女生，我喜欢做女生，因为__________，__________，__________……

我是男生，我喜欢做男生，因为__________，__________，__________……

这是某个初中班级学生思考的结果

女生的优势：

1. 更细心，想得周到，做事有条理。
2. 一般来说，女生的听觉比男生的要灵敏。
3. 语言表达能力强。
4. 在公共场合，女生往往比较文静，不会很调皮，很注重形象。
5. 温柔，比男生更能忍耐。
6. 体贴，经常照顾别人，关心别人，为他人着想。

男生的优势：

1. 性情更为豪爽。
2. 随着年龄的不断增长，男孩在逻辑思维能力方面会越来越强。
3. 一些体力上的重活还是男孩干得多、干得好。
4. 较少表露感情，对小事不易激动。
5. 男生有阳刚之美，爱冒险，不服气，喜欢竞争。

6. 独立性强，不易受他人影响。

7. 胸怀宽广，眼光长远，睿智、理智、冷静。

第六节　脸上长痘痘真烦人

点睛引言

接纳变化，你会发现生活越来越美好。

案例描述

小菲今年初二，很招人喜欢。最让小菲引以为傲的是她天生白净的皮肤。从来没为自己的皮肤发过愁的她，看着别人羡慕的眼光觉得十分骄傲。升入初二后，小菲感觉自己身体发生了很大的变化，个子突然长高，也胖了不少，妈妈告诉她这是正常的生理表现，说明她已经进入青春期了。

有一天，小菲起床，突然发现脸颊、脑门各冒出一颗红红的小痘痘，碰一碰还挺疼。小菲感到恐慌，莫非自己开始长青春痘了？记得上生理卫生课的老师讲到过青春期可能会长青春痘，那个时候她还觉得这一切与自己无关。自己皮肤这么好，怎么会长痘痘呢？看着自己油油的皮肤，再看看周围的朋友干干净净的脸蛋，小菲感到焦虑极了。“同学们肯定一下子就会看出来我脸上讨厌的痘痘。”“痘痘到时候越长越多怎么办？还会有小脓包，好恶心啊……如果以后留痘印怎么办？”小菲越想越心烦，完全不顾妈妈的宽慰。

爱美的小菲怎么能忍受自己的脸上长这些东西？她开始关注消灭痘痘的各种护肤品。一天放学后，小菲看见超市在宣传某款洗面奶，听起来效果很好，于是狠下心拿出自己的零用钱买了下来。拿回家迫不及待地试用了一下，刚开始还觉得可以，过了一会儿就觉得脸上火辣辣地痛，吓得小菲赶紧用水清洗，再也不敢买消灭痘痘的护肤品了。自此以后，小菲每天心神不定，时不时地想自己长痘的事，课也听不进去，老是用小镜子看自己又长痘痘了没，还忍不住用手去挤。放学把头埋得低低的，害怕别人注意到自己的痘痘，学校里的活动也不再参加了……

想一想

小菲为什么不听妈妈的劝告？

进入初中，你的身体发生了哪些变化？

你觉得怎样面对这些变化更好？

心理透视

由于内分泌旺盛和油脂分泌过多等原因，大部分青春期的孩子都会面临青春痘的苦恼。据调查，80%~90% 的青少年长过青春痘，青春期后往往能自然减退或痊愈。除此之外，青春期的男孩女孩还会因生理变化而烦恼。有些同学不习惯自己的身体急速增高和性特征的突然变化，害羞或腼腆起来；有的同学会因为自己发育较晚，和别人不一样，产生忧虑、苦闷情绪；有的同学认为自己长得丑而自卑，但又不好意思对大人讲，很容易胡思乱想或沾染上一些坏习惯。这些不良的心理反应影响了青少年的身心健康，也影响了正常的学习和生活。

除了生理上的变化，青少年对自己身体的焦虑还有心理上的原因。比如，关注自己外貌的小菲，她的心里其实有“独特自我”和“假想观众”在作怪。著名心理学家皮亚杰指出，青春期少年在心理上有“自我中心性”这一特点。皮亚杰指出，青春期少年会把自己作为人际交往和社会关注的中心，认为自己关注的东西就是他人关注的东西。他还进一步指出，青少年的自我中心性可以用“独特自我”与“假想观众”两个概念来阐释。

1. 独特自我

“独特自我”是一种以个人的意愿作为独立推理体系的模式。青少年将自我的情绪、情感体验扩大化、绝对化，从而将主观和现实统一于自我，而不理解他人为什么与自己的感受和观点不同。

2. 假想观众

“假想观众”就是在心理上“制造”想象中的观众。这一时期的青少年十分关注自己，同时以为别人也都关注他，都是他的观众。他们将自己作为关注的焦点，自我欣赏，便以为人人都欣赏他；自我感觉不良，便以为别人也对他没有好感。

如故事里的小菲，她觉得只有自己才长了痘痘，别人肯定一直在关注自己的痘痘，因此感到焦虑不安。

锦囊妙计

对于青春期的变化，我们需要做的就是用正确的心态去面对它。因此，要做到以下几点。

1. “我”其实没那么特别

曾经有研究者做过这样一个实验。在一个讲座现场，大家都在聚精会神地听专家讲解。这时，一个打扮奇特的人进入场内，并绕着教室走了一圈。讲座快要结束时，主讲人问大家：“你们有没有注意到我们讲座中途进来了一名男子，那个男子打扮怪异？”只有一部分人说有注意到这样一个人。接下来，主讲人又问：“那他什么地方打扮得奇特呢？大家还记得他的哪些细节呢？”结果，答出这个问题的人寥寥无几。

其实，这是专家故意安排的一个环节，目的就是要向大家展示别人其实没那么关注你的外在这个道理。对于奇装异服的人我们尚且都记忆模糊，何况是别人的一点微小的变化呢。

2. 和同伴交流沟通

同伴对我们的成熟和发展具有十分重要的作用。你的好朋友基本上都是你的同龄人，因此遇到的问题也基本一致。要和他们特别是比你大一点的朋友多交流，因为他们可能也曾遇到过这样的情况。听听他们的心声，你会发现困惑的不止你一个人；分享他们的经验，原来很多问题也有章可循。我们的父母也是过来人，如果你信得过你的父母的话，跟他们聊聊，你会有意想不到的收获。

倾诉是一种释放压力的好方法，驱散了心里的乌云，会迎来属于你的晴空万里！

3. 接纳变化

进入青春期后，一些生理变化，包括长青春痘，都是我们迈向成熟的表现，也是我们年轻的证明。我们每个人从小到大都处在一个不断变化的过程中，每个年龄段都在变化，每个年龄段都有其特有的烦恼，也有其特有的美好。能否接纳自己成了摆在我们面前的一个问题。如果我们能够接纳自己，就能自信地、乐观地面对生活。青春，就应丰富多彩。接纳这一变化，你会发现生活越来越美好！

心灵自助餐

青春期是指个体由儿童向成年人过渡的时期，是人体迅速生长发育的关键时期。女孩一般从 11 ～ 12 周岁，男孩从 13 ～ 14 周岁开始进入青春期。进入青春期，男女生在生理上会发生一系列变化。生理机能的迅速增强，肌肉与脂肪的变化，使男性肌肉强健，女性身体丰满；脑与神经系统也逐步发育成熟；第二性征开始出现。女性第二性征主要表现为乳房隆起、皮下脂肪增多、骨盆变宽和臀部变大等；男性第二性征主要表现为胡须出现、喉结突出、嗓音变低沉和体毛明显等。同时，青春期男女生性功能逐步发育成熟。女生出现月经，男生发生遗精。这些都是正常的变化，也是我们逐渐成熟的外部生理表现。对于这些正常的变化我们要尽快去适应。

那么，长痘痘怎么办呢？心理学博士为你支招。

(1) 养成良好的饮食习惯和生活习惯。保证足够的睡眠，饮食以清淡为主。

(2) 注意心理调适。保持轻松乐观、健康向上的心态。遇到考试或人际关系紧张时，注意调节情绪，合理应对压力。

(3) 保持皮肤的清洁。青春期皮脂分泌增加，如果不及时清洁皮肤，痘痘会长更多。

(4) 必要时使用药物或咨询医生。

第三章 克服学习上的自卑

——天生我材必有用

第一节 这次又考砸了，可我已经尽力了

点睛引言

在最低的地方，也有通往最高处的道路。——卡莱尔

案例描述

昨天，数学测试。我最怕考数学了，数学是我的弱项，为这次考试我依旧准备了很久，因为向父母承诺过，这次一定要考好。我忐忑不安地交上卷子，心里想着这次应该可以让父母、老师和同学刮目相看了。今天，试卷发下来了，我焦灼地等待着老师念我的名字，希望这次能够扬眉吐气。起早摸黑，刻苦学习了这么久，总得有点回报吧。为了这次考试我还放弃了好多玩耍的机会呢。可试卷发下来，看到那蜘蛛网般的红叉，看着那个红得刺眼的75分，我几乎不敢相信自己的眼睛。这鲜红的数字使我的内心立刻跌入低谷。我知道，我又考砸了。

数学老师看我的眼神让我知道他对我又失望了，在班上我也有点儿抬不起头的感觉。隔壁邻居家的儿子成绩很好，让我又羡慕又嫉妒。我曾在老爸面前许诺一定要有进步，现在该如何交代？和老妈说好了要考90分的，而这次我却……没考好，亲戚朋友怎么看？学习不好以后可以去做什么？越想越可怕……

我正郁闷着，一个好事的女生蹦过来问："哦，马溢遥，你考了几分？""我考砸了！"我感到胸中郁闷，鼻子特别酸。"说嘛说嘛，几分啊？"她不肯善罢甘休，继续追问。我把头转过去，把泪水吞下了肚，尽量让自己不要想考试的事，可眼泪还是出卖了我，疯狂地涌了出来……

想一想

你是否有过马溢遥这样的经历？如果有，那时的感受怎样？

马溢遥没考好可能有哪些原因？

你觉得马溢遥应该怎么做呢？给他支支招吧！

心理透视

学习是青少年面临的主要任务。没考好几乎是每个人都曾有过的经历。每一门科目都学得很轻松并且成绩优异的人很少。因此，没考好是很正常的一件事，但也是很多同学的一大困扰。太多人像马溢遥一样，体验过或者正体验着成绩上不去的痛苦。其实，陷入这样的苦恼是因为他们不经意间闯进了以下几个误区。

1. 过分比较，给自己的目标定位太高

青少年的自我意识正处于发展阶段，对现实中自己的能力认识不清，没认清理想状态和现实水平之间的差距，给自己定位太高，容易混淆理想自我和现实自我的界限。其实，对于数学不好的溢遥来说，75分已经不算一个糟糕的成绩了。只要比前一次考试分数高，那就是一种进步，而并非失败。但他并不满意，他觉得自己还可

以达到更高的水平。

另外，我们生活中可能都会有个“假想敌”，比如某某学习成绩好，平时听话懂事，或能说会道，能帮父母做很多家务，等等。我们将这个比我们优秀的人设为我们的竞争对象，努力比他好，比他优秀。但我们没有去发掘自己的优点，没有意识到人无完人，没有人可以在每个方面都超过别人。这种比较已经超过自己的能力范围，是不合理的比较。

主观上来说，定一个较高目标是一件好事，可以激发我们的斗志，但溢遥给自己定了太高的目标，以至于每次都达不到，长期失败必定会导致在这一方面丧失自信。特别是本来数学就不够好，却跟母亲许下要考 90 分的承诺。目标不符合实际，注定会失败。

2. 糟糕至极和以偏概全思想

马溢遥很看重别人的看法和评价，并将别人对自己的想法夸大。他觉得自己成绩不好，结果就会“糟

糕透了”：同学和亲戚朋友会看不起自己，所有认识的人都会以异样的眼光看待自己。溢遥也绝对化地认为此时数学这一个方面的失败就是整个人生的失败，目前学习不好就意味着以后也学习不好，并将学习不好的后果夸大为以后就不能找到好的工作，不能拥有好的未来。如此“糟糕至极”和“以偏概全”的认识，让溢遥更加痛苦。

3. 学习方法不科学

俗话说：“磨刀不误砍柴工。”掌握了一定的学习方法，才会事半功倍。溢遥只是埋头拉车，并没有抬头看路，比如问问老师学习重点、难点；和同学交流交流学习方法；等。将自己的身体和脑力透支，只会费力不讨好，学得辛苦但效率并不高。

4. 学习动机过强

一味地通过刻苦学习来达到自己想要的成绩，会给自己带来很大的心理压力，不利于学习进步。心理学家耶克斯和多德森研究发现，各种活动都存在一个最佳的动机水平。动机不足或过分强烈都会使工作效率下降。并且，动机的最佳水平不是固定的，它随任务性质的不同而有所变化。在比较容易的任务中，工作效率随动机的提高而上升；随着任务难度的增加，动机最佳水平有逐渐下降的趋势。也就是说，在难度较大的任务中，较低的动机水平更有利于任务的完成。这就是著名的“耶克斯—多德森定律”。对于溢遥来说，考到 90 分是一个很难的任务，而动机过强，给自身压力过大，学习效果也会下降，这也是他没考好的原因之一。

锦囊妙计

1. 锁定正确的比较对象，选择恰当的目标

正确看待自己，不仅仅要和别人做横向的比较，也要和自己的过去做纵向的比较。溢遥要做的是，首先，锁定正确的比较对象。将自己的过去作为比较对象，不要过多地和比自己优秀太多的人比较。心理学

上有个术语叫作“最近发展区”。“最近发展区”理论认为，学生的发展有两种水平：一种是现有水平，就是独立活动时所能达到的解决问题的水平；另一种是可能的发展水平，也就是通过进一步学习所能达到的潜在的水平。两者之间的差异就是“最近发展区”。定目标时应遵循自己的最近发展区，选择难度适当的目标，调动自己的积极性，发挥潜能，达到这一阶段的目标，然后在此基础上再设定下一个阶段的发展目标。如此循序渐进，一步一个脚印，最终实现最高目标。有一个马拉松运动员分享他的成功经验时这样说道：“我在跑步时，并没有想到这是有 42.195 公里艰巨任务的马拉松，而是将它分成几等份，每一刻，我只需完成一个小目标，这样一来就轻松了许多。”因此，将自己的目标设在跳一跳能够得着的位置，分步骤完成吧！

2. 储蓄成功法

自信是成功的保证，自信也是建立在成功的经验之上的。科学研究表明，每成功一次，大脑便有一种“刻画”的痕迹。当人重新忆起往日成功的经历时，就可以重新获得那种成功的喜悦，从而消除自卑，充满信心。可以说自信源于成功，而成功是要慢慢积累的。在消除自卑心理时，为了能让自己生活在成功的体验之中，行之有效的方法是建立自己的成功档案，将每一次哪怕是非常小的成功与进步都记录下来。积少成多，每隔一段时间就拿出来看看，经常重温成功的心情，这样能使自己信心百倍地去克服困难。

3. 正确看待考试及其结果，寻找学习良方

同学和亲戚朋友其实不会因为你一科成绩不好而看不起你。就算班上成绩最差的同学，他们也有可爱之处，也会受欢迎。更何况生活是我们自己的，不必太在意别人的看法。因为别人的一句话或一个评价就看低自己不值得。能够正视自己的失败也是我们心智成熟的一种表现。一味地沉浸在考砸的伤痛中也无济于事，要以强大的内心来接受自己的失败。

其实，考试只是检验学习效果的一个手段，目的是让我们查漏补缺，发现自己这段时间哪些地方学得不够好，掌握得不够扎实。既然是手段，就是拿来为我们服务的。没好好利用考试的作用，反而被其折磨，是不明智的做法。一门学科的失败并不能代表什么，学习上的失败也不是人生的失败。就算我们没考好，没能进重点高中或重点大学也没什么，凭借自己的努力和聪明才智也可以拥有成功的人生。

跌倒了，爬起来就是胜利。而在哪里跌倒就要在哪里爬起来，并且在爬起来之前要想想自己为什么跌倒。多和老师沟通你的想法，请教自己没掌握的知识点；多和成绩优异的同学交流学习方法和自己的困惑，发现自己的不足；多和父母谈谈自己的想法，不要让自己一个人孤军奋战。对于父母的责罚，也无须过于恐惧。跟他们好好解释，说自己已经尽力了，他们会理解我们的困难。制订合理的目标，制订一个适合自己的学习计划，保持良好的状态，长期坚持，一定会有进步的。

心灵自助餐

心理学家教你如何学习

在学习中，学会自我调节很重要，因为这是一种能够把被动学习转变成积极地、有目标地学习的方法。那么，怎样进行自我调节呢？请注意以下要点。

1. 要明确具体的学习目标。在每一个学习阶段，如每学年、每学期、每周都要为自己确立合理的学习目标，包括所要掌握的知识、技能和学习进度。

2. 要制订切实可行的学习计划。有了目标还要找到达成目标的途径。制订出

每天、每周和每月的学习计划，学习计划要尽量具体，然后付诸行动。

3. 要有自我监控和评价。定期评估自己的学习计划完成情况，如今天的任务有没有完成，完成质量如何，有哪些地方需要改进，等等。

4. 不要忘了自我鼓励。当你完成了每天、每周、每月的学习计划时，要用某种方式对自己进行奖励。例如，完成了一天的学习计划，你可以看一会儿电视；达到了一周的学习目标，可以去看场电影等。对自己的成功进行奖励，会使你在学习中充满自我满足感和成就感。

5. 及时解决学习中的问题。一旦发现目标没有完成的原因在哪里，应及时切实地加以解决。如果是时间安排不当，就调整自己的时间安排；如果是环境干扰，就尽快优化学习环境等。不要把没完成学习计划归因于自己的能力，这样会挫伤你的自信心和学习积极性。

坚持做到上述各点，学习将成为让你快乐的事情。

第二节　别人都多才多艺

点睛引言

天生我材必有用。

案例描述

我叫小燕，就读于一所普通中学，虽然是普通中学，但有才艺的人很多。我有几个朋友，其中有一个是我们班班长，跳舞非常厉害，在学校也是风云人物。我很羡慕她自信的状态，因为我一上台就很紧张，而且我什么才艺都没有。虽然我也曾学过芭蕾舞，但是因为升学的缘故，学习压力变大，就中断了练舞。

有一次学校举办才艺大赛，班上报名的人很多。表演时，大家“八仙过海，各显神通”。有跳民族舞、街舞等各种舞蹈的；有表演吉他弹唱，或其他各种乐器演奏的；有唱歌的，大家听得如痴如醉；有表演小品的，现场观众被逗得捧腹大笑。而我，因为没有才艺，只报了难度不高的合唱。虽然失落，但我想，一定要把节目做好。可才艺展示时，我第一句就唱错了，我觉得好尴尬，之后都没心情再继续好好唱下去。这一天我觉得丢脸死了。

班长的一个好朋友，表演的

是唱歌，每一个音符都唱得那么精准、娴熟、唯美。同学们都相当吃惊，听得如痴如醉。我在台下觉得自惭形秽。表演结束后，大家都围着她，夸她表演得好，我在一旁，心里不是滋味。我很难过，我嫉妒她，心里很不平衡，要是我也有个什么特长就好了。为什么她这么优秀，其他人也都有自己的特长，我却连跑步这种运动也不擅长，运动会也不能为班级争光。有时候就觉得自己像个小丑一样，特别失落。我开始怀疑自己，有时甚至会自暴自弃。我该怎样才能改变现状呢？

想一想

当你发现身边的人都多才多艺时，你是什么样的心情？

小燕应怎样走出阴影？帮忙出出点子。

心理透视

青少年时期，每个人都会面临有关自我发展的一些重大问题。如理想、职业、价值观、人生观等。每个人都在为理想而努力。因此，每个人都试图通过各种途径表现自己，从而体现自身的价值，在集体中获得价值感和尊严。在成长过程中，我们免不了和他人比较，继而就会有觉得自己不如人的时候，小燕的失落来源于以下两点。

1. 对自己认识不足

处于青少年时期的个体，自我意识有了很大的发展，内部世界的丰富性令青少年惊讶，复杂性又令青少年困惑。青少年的这种自我反思、自我观察又受到认知水平的极大限制，导致了对自我的认识出现不同程度的偏差。有的青少年只看到自己的优点，看不到自己的缺点，或者夸大自己的长处，缩小自己的短处，过高估计自己的能力，相较于同伴有较强的优越感，从而产生自负心理。而有的青少年却只看到自己的缺点，看不到自己的优点，从而产生自卑心理。案例中的小燕就属于后者。她只看到了自己不如人的地方，而没有用欣赏的眼光去发现自己的长处。

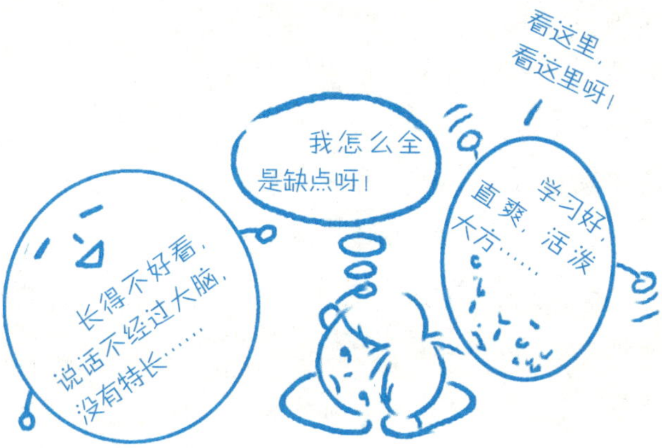

2. 用己之短比人之长

我们每个人都有自己的短处和长处。因为家庭或先天的原因，有的同学没法像其他同学那样多才多艺，这确实是不如别人的地方。而这一时期的青少年却容易盲目比较，错误地拿自己的不足之处去和别人的长处相比，这样必然会有心理落差。每个人都是独特的个体，是没有可比性的。小燕上台容易紧张，如果她能加以克服，同时发挥自己的长处，也会让人刮目相看的。

锦囊妙计

1. 找找自己的优点

每个人都有自己的优点，现在就开始找找自己的优点吧，如很有创新意识、字写得不错、热爱科学、收拾东西井井有条等等，这些也算是你的特长。你是否拥有这些你不曾重视的才能？你能否以全新的眼光来审视你的才华？你能清点你的技能“存货”，同时了解尽管有些东西对你而言不值得一提，但它们可能受到别人的重视吗？强化自己的信心，因为你是有才能的。

其实特长是兴趣的一种发展，拓展自己的兴趣爱好，每周花半个小时欣赏一下自己，你会发现其实自己还是蛮优秀的。如果你实在找不出自己的优点，那就问问父母和朋友，你肯定会有意想不到的收获。

2. 积极的自我暗示

心理学家巴甫洛夫认为：暗示是人类最简单、最典型的条件反射。从心理机制上讲，它是一种被主观意愿肯定了的假设，是指人或环境以不明显的方式向我们发出某种信息，而我们又无意中受到了这些信息的影响并做出相应行为的心理现象。它会不知不觉地通过大脑给人的情绪带来莫大的影响。每个人都有自己的特长，只是有的没有展示出来。这个时候，我们需要进行积极的自我暗示，给自己打气。

小燕曾经练过舞蹈，只要把以前的技能熟悉起来，也是一项特长，但她害怕自己的动作不再敏捷，担心自己做不好。“我的脚已经变得笨拙，不再精通舞蹈。我每天做的事，除了学习还是学习，这太让我感到挫败了，我绝对做不好……”很显然，她的心里住着一只“魔鬼”，这只“魔鬼”阻挡了她的进步。而如果她呼唤心中的“精灵”来帮助她，效果就会不一样！因为“精灵”会说：“我知道只要稍加练习，我就能恢复原有的水准。”“我打算去舞蹈教室，看看他们下个系列的课程何时开始。”“只要我专心致志、决不放弃，我就可以做任何我想做的事。”

其实你可以看出，很多时候我们的负面想法都是我们成为理想自己的绊脚石。那么，请为自己增加一些助力，让自己闪耀吧！

3. 勇于展示自己

有时候，不是自己没有特长，而是你没有把它展示出来，是你埋没了自己的特长。试想，千里马若不长鸣，就不会引起伯乐的注意，就可能老死于槽枥之间了。毛遂若不抓住人员不足的时机，及时向平原君推荐自己，就不可能扬威楚国，永远只是一个默默无闻的门客了。南京外国语学校的王晨舟，面对来该校招生的北大前任校长许智宏，若不是敢于提问，被许校长看中，就可能错失保送进北大的机会。

也许出于各方面的原因，你在表现自己这一方面还有所担忧，害怕出丑被嘲笑，因此犹豫不决，迟迟不敢行动，但机会也许就随之溜走。在实现人生价值的过程中勇于展示自己的才华，才能为自己赢得机会。做自己的伯乐，展自己的所长，有利于尽早获得别人的认可。

心灵自助餐

从国外来了只大袋鼠，大家都觉得挺新鲜。

猴子说："哟，多稀奇呀，肚子上还有个口袋，一定是装桃子用的。"

"不，那一定是装松子的。"松鼠说。

"怎么会呢！"骆驼说，"我想那一定是装草料的。"

袋鼠听了，笑着说："它是我的育儿袋。"

"啧！啧！"大家咂咂嘴，更觉得了不起，"从国外来的就是不同啊！"

"有什么大惊小怪的！你们不也都有口袋吗？"袋鼠说。

"我们？"大家你看看我，我看看你。

"你，"袋鼠指着猴子说，"口腔两边不是也各长着一个'食品袋'吗？吃不完的东西就藏在里面。"猴子瞪大了眼睛。

"你，"袋鼠指着松鼠说，"口腔两边各有个'运输袋'，把松子装进去，又吐出来埋藏在地下，对吧？"松鼠愣住了。

"还有你，"袋鼠对骆驼说，"背上的驼峰，不是很好的'营养袋'吗？"骆驼点点头。

"呀，原来我们都有口袋，这没什么了不起的嘛！"大家都不好意思地笑了。

通过袋鼠的"点拨"，猴子、松鼠、骆驼纷纷发现了自己的"口袋"。我们每个人身上都有属于自己的"口袋"。现在，聪明的你，开动脑筋想想，你的"口袋"里都装了些什么呢？

第三节 她老是比我考得好，真讨厌

点睛引言

当别人前进时，你不能忌妒；当别人忌妒时，你必须前进。

案例描述

遇见了苏美晨这个对手之后，小雨心情一直很低落。苏美晨老是比自己考得好，这次英语成绩居然比自己高了近10分。英语是小雨的强项，她不服气，觉得苏美晨伤了她的自尊。在苏美晨面前，小雨觉得很自卑。

小雨不甘心，她在心里下定决心，一定要比苏美晨优秀。小雨没有其他出路，只有专心学习，在学习上赢过苏美晨，赢回属于她的尊严。

于是，她开始加班加点地学习，把每天的时间安排得井井有条。晚上父母要催促她好几番她才会上床睡觉。她保持良好的学习习惯，上课认真听讲，做好笔记，下课及时复习，还改掉了平时贪玩的毛病。除了必须参加的活动外，其他娱乐活动小雨一概不参加，为了避免浪费时间，朋友们的邀请她也拒绝了。在家里，除了和学习有关的事，其他的小雨一概不理会。每个周末全家人一起出去玩的时间也被学习占用了。现在的小雨是“两耳不闻窗外事，一心只读圣贤书”。

不出所料，这次月考，小雨的英语成绩果然考得很好，她觉得自己终于可以一雪前耻了。可是当全班的分数公布出来的时候，小雨却发现原来自己并没有想象中的那么开心，因为从总分来看，苏美晨还是比自己考得好。努力了这么久还是输给了苏美晨……小雨越想越伤心，为什么无论自己怎么努力也比不上别人呢，而且对方赢得这么轻松。这样想着，小雨更加自卑了。

想一想

小雨为什么想做出改变？

小雨该如何调整自己的心态？

心理透视

在学校，当看到有同学的成绩超过了自己，有人心里便觉得很不舒服；当看到自己的朋友与其他同学来往密切，便会生气、怨恨；当别的同学获得老师的赞扬时，心中便会愤愤不平，充满妒意……

1. 忌妒心理在作祟

在上述的案例中，小雨的初衷是好的，她渴望成长，追求卓越，希望能力得到提升，证明自己的实力。可是她好胜心太强，当发现别人比自己优秀，而自己设定的目标没达到时，便会感到不满、自卑、自责和失落。其实，小雨得了一种常见的疾病——“红眼病”。这种“病”一旦“发作”就会对他人的成功表现出愤怒、不满、怨恨等症状，最明显的表现就是“眼红”——见不得别人比自己好，严重的“患者”还伴有行为上的攻击和言语上的中伤。而引起这种疾病的病毒就叫作：忌妒。确切地说，忌妒是一种不平衡的心理，是对他人优于自己或可能超过自己而产生的担心、害怕或愤怒的心理状态。而忌妒源于内心深处的自卑。

2. 自我评价体系出现偏差

理性的自我评价，是指能够理智地识别、判断、评估自己的能力、态度、情感和价值。小雨错误地将自己的能力和价值建立在与他人的横向比较上，而不是从自身能力的发展来进行纵向比较。当我们拿自己和他人比较时，我们会产生优越感或是自卑感，但这两种感觉都是不必要的。

此外，家人和朋友的关心是不可或缺的，不要为了将别人比下去而丢失了自己，我们的身边还有比超越他人更重要的事。当我们出现忌妒的心理时不要过多地自责，要积极调整，构建理性的自我评价体系。

锦囊妙计

1. 做独一无二的自己

每个人都有不同的特质，因此每个人都有不同的生活。小雨就算位居苏美晨之后，也是有自己独特之处的。

就像世界上没有两片纹路一样的叶子，每个人都有属于自己的特色。做不了太阳，就做星辰吧，在自己的星座上发光发热；做不了大树，就做小草吧，以自己的绿色装点这个世界；做不了伟人，就做独一无二的自己吧，在平凡中寻找幸福。父母送给我们最好的礼物就是生命，无论外表、性格、能力、经历怎样，你就是你，没有人和你一样，没有人能代替你。因为独特，所以你有你的精彩。请记住，你是独一无二的。

2. 把握自己已有的

世界上没有十全十美的人，一个人不可能处处都比别人强，样样都比别人好。正所谓“尺有所短，寸有所长”，每个人都有自己的长处，也有自己的短处。自己在某一方面超过别人，别人又在另一方面胜过自己，这本来就是很常见的事。

很多同学喜欢问自己：“他们能，我为什么不能？”这作为一种自我激励，固然是好的，但也有不少同学错误地将这句话理解成“我不能，他们为什么能？”，殊不知难易、优劣本来就是因人而异的，能或不能当然也就没有固定的标准。别人能是别人的事，我们自己能不能要看我们自己的状况，要靠我们自身的努力。

小雨应想想自己有些什么，比如贴心的父母、可爱的朋友等。将视线转移到“我拥有的”，而不是“我想要的”上面，就会找到“富足感”。每个人的能力可能会表现在不同方面，发现自己的特长，明确人生目标，不要因为别人早早取得成功而心灰意冷，甚至轻易改变自己前行的方向，要相信：自己一定会走出一条与众不同的成功之路。

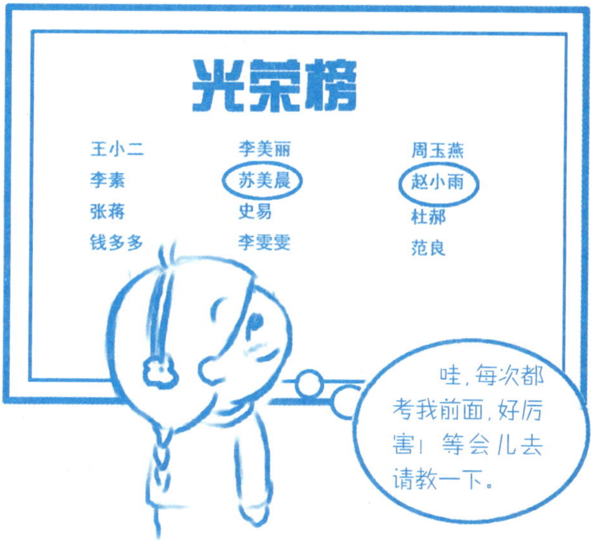

3. 化忌妒为欣赏

忌妒别人是不健康的，我们需要学习的是称赞而不是忌妒。从现在开始，与其拿自己跟别人比较，还不如称赞他或向他看齐。

我们要知道，别人的长处不会减损我们自身的价值；别人有吸引力，并不意味着我们没有。不要和别人一比高下，应大方承认他们的优点，而不要让他们影响我们，因为不良的比较是会让人对自己心生不满的。

如果小雨决定要“痛改前非”，这里有一个好用的“跳出忌妒陷阱的行动计划”。当阻力出现时，她可以用右边方框内相对应的助力帮助自己行动。

阻力	助力
比较 “看看人家美晨，比我考得好，学习又轻松。”	赞美 “她确实挺厉害的。”
自卑感 “她比我好太多了，真是丢脸。”	欣赏 “她确实也花了很多时间在学习上，她真不赖。”
觉得自己没价值 “我真是太笨了。”	见贤思齐 “我想我应该利用课余时间好好和美晨交流一下学习经验。”
竞争 “我知道我可以打败小明，他的学习比我差多了。”	贡献或帮助 “也许我可以帮帮其他同学，乐于助人也是我的一大长处。”

心灵自助餐

丛林中，一只小老鼠整日闷闷不乐，他觉得自己形象不佳，本领又小，生活在社会的最底层。他认为猫很神气。

于是，苦恼的小老鼠来到山神面前，再三哀求他给予帮助，把自己变成一只猫。山神爷爷最终答应了他的请求，把小老鼠变成了一只神气的猫。可是没高兴几天，这只猫又有了新的问题，原来他害怕狗。于是，他又去求山神，把自己变成一只狗。可谁知，狗害怕狼。就这样，山神又把他变成狼……

如此这般一路请求，小老鼠终于变成森林里最大的动物——大象。他昂首挺胸，在森林中漫步巡视，威风凛凛。动物们见了他都低头哈腰、恭恭敬敬，他心中别提多高兴了。

可没多久，他又有了一个新发现，原来大象最害怕的竟然是老鼠。这时，他眼中最伟大的形象又变成了老鼠。于是，他又去哀求山神爷爷了。

没有绝对的英雄，只有某一专门领域的强者。所以不必为自己某一方面的不足而耿耿于怀，尽量发挥自己的优点，自信地生活。

第四节　其实我也想问老师问题

点睛引言

提问不一定能解决问题，但不提问，问题一定不能得到解决。

案例描述

在一次心理健康课上，同学们谈论起“害怕老师”的话题，以下是几位同学的困扰。

不知道从什么时候开始，我很害怕老师提问，一旦老师提问，我就会很紧张。老师点名让我回答问题的时候我总是害怕，特别不想起来回答问题。虽然老师提的问题我都会，可我老是害怕，以至于我不敢上这个老师的课，然后会讨厌那个科目！我该怎么办呢?

——小鹏

应该是有一次上语文课的时候，老师让我回答问题，我不会回答，老师就当着全班同学的面批评我，之后我就很恐惧上那个老师的课，而且心里面也开始讨厌她了！后来一遇到那种会提问的老师我就会很紧张，很害怕会被批评，更不敢向老师提问！

——小军

我的性格很胆怯又敏感，因为在一所重点中学，压力很大。虽然明白勤学好问的道理，可是在学校我还是不敢向老师请教问题，说不清什么思想在作怪。我也不愿意和同学们讨论问题，怕别人嘲笑自己笨，还总是猜疑别人是否真心实意帮助自己，怎么办?

——丽丽

我成绩中等，不太愿意和老师接近。有时候老师在黑板上讲题，我听不明白，但也不敢再问老师，因为我害怕老师说“这不是刚刚讲过吗”。也担心问老师问题会被同学们嘲笑“太爱学习了”。问同学又怕耽误同学的时间。我觉得这是一种心理障碍，怎么办啊？现在积累的问题越来越多了。

——芳菲

我觉得自己的基础还可以，不过现在有些吃力。上初二了，数学学科上有很多的问题不明白，可是我一直不敢问老师，因为我们的数学老师很严厉，我总觉得问些简单的问题会被他骂。日积月累就有很多的问题，这导致我在数学这科上成绩不够稳定。我该怎么办?

——阿宝

想一想

你是勇于向老师提问题的人吗？

在学习上，你还有哪些担忧和害怕？

心理透视

上课怕老师提问，担心会当众出糗，下课有问题也不敢问老师，导致问题越积越多，成绩下降。这些都是学习上害怕丢脸的表现。在学校学习，面对老师是常事，回答老师的提问或向老师提问也是再寻常不过的事。不敢向老师提问，所学知识有疑点没解决，长此以往，困惑越积越多，会严重影响我们的学习。就像上面所列举的一样，不敢向老师提问并不是一两个人的困扰。

归纳起来，不敢向老师提问通常原因有以下几个方面。

1. 怕老师批评

“连这么简单的题目都不会，上课干什么去了？”问题没有解决，反而又“赚”了老师的一通训斥。

2. 怕问了也听不懂

有些同学问老师问题，虽然老师讲得很认真，可是由于各种原因，或者基础不好，或者有些没有听清，或者老师讲得太快，根本听不懂老师的讲解，反而不如不问。

3. 不知从何问起

有时候由于问题太多，就如牛啃南瓜——没法下口，什么都不会，无从问起。

4. 怕丢脸

怕丢脸是最普遍的问题，“不懂就问”是父母和老师从小就教给我们的道理。可是为什么我们还是怕在学习上面对老师呢？归根到底，是我们的自尊心在作祟。有的同学本来基础就差，感觉自己在这一科目的学习上低人一等，就更害怕面对老师，也担心同学们嘲笑自己。问问题就表示自己不懂、不会，人家都不问，就自己一个人去问，那不是说明自己太笨了吗？所以大多数同学，宁肯不会做题，也不愿让人说自己笨。还有的同学则害怕别人会嘲笑自己“太爱学习了，天天问老师问题，像书呆子一样”。便干脆不问老师问题。

另外，也有性格方面的原因，有的人性格外向，大大咧咧，喜欢与人交际，觉得问老师和同学问题没什么大不了的；有的人性格内向，不喜欢过多地和别人打交道，更不擅长在老师这种权威人物面前“表现”，问老师问题的时候会忸怩不安，因此，不愿“自讨苦吃”。

锦囊妙计

1. 别等了，开始行动

困难像弹簧，你强它就弱，你弱它就强。从现在开始，不要在自己的座位上犹豫不决，大胆地迈出步子去向老师请教。加拿大冰上曲棍球明星韦恩·格雷茨基有句名言：“如果你每一球都不打，你不会击中的。”如果不问问题，问题是不会自己解决的。不要拿拙于沟通或是自信心不足当作不去问老师问题的借口。你今天的任务是：罗列出你的问题，挑一个稍微简单一点儿的去问老师。如果担心老师讲的自己可能听不懂，就叫上一两个别的同学一起去问老师，自己没听懂的，回到教室可以再问同学。你会发现，跨出这一步，其实没那

么困难，而且因为挑战了自己，你的心情会有意想不到的愉悦哦！

2. 多和老师接触

如果你实在害怕和老师交谈，可以试着给老师写封信，谈谈你的担忧和你的心里话。当然，多尝试和老师接触，你会发现老师没那么可怕。老师更喜欢问问题的孩子，因为这代表着他们上进、好学，有自己的想法。不懂装懂，只会害了自己。

阿宝决定尝试着问老师问题，不让自己的学习疑惑累积得越来越多。这是他"向老师提问行动计划"可能会遇到的阻力和助力，他要考虑如何面对。

阻力	助力
破坏性的自我对话 "别人都没有问题，只有我一个人不会，我觉得很丢脸。"	建设性的自我对话 "我真不赖，能够鼓起勇气问老师问题。下次我会问更有价值的问题。"
斥责 "我为什么总是有很多问题不明白？"	赞美 "我真是个勤学上进的人，其他人都没勇气提问。"
嘲笑 "我绝不会成为优异的学生。"	尊重 "起码我一直在尝试。"
为错误而自责 "为什么我上课没再认真点？"	赞美自己的进步和努力 "起码我尽力了，我本来可以选择放弃的。"
不可能的期待 "从现在开始，我打算每分钟都聚精会神地听老师讲课。"	可以改善的方面 "下次我会更加专心地听讲，也会提前思考一下再去向老师请教。"

心灵自助餐

爱因斯坦说过:“提出一个问题比解决十个问题更重要。”谚语也说:“正确提出问题就是解决了问题的一半。”可见提出问题对解决问题是多么的重要,也说明了提问是有技巧的。下面是为同学们准备的几个提问技巧。

1. 做了以后再提问

实践出真知。在中学阶段,题目是“做”会的,不是“听”会的。因此要尽量避免只请老师给你做某道题的讲解,而要追求达到触类旁通的效果,为此应先亲自动笔做,将问题进行转化后再提问。

2. 注意问题的描述方式

问题描述方式,一般有口头描述和书面描述两种。口头描述对语言表达能力的要求较高,特别是对于复杂的问题。因此,在提问之前最好先把要提的问题写出来,念给老师听,如感到写出来比较困难,说明你对要提什么问题还不清楚。

3. 注意提问方式

提问方式可分举手提问和书信提问两种。

举手提问。一般只限于老师能用简短的几句话就能解决的问题,因此问题的叙述一定要简短明确,不可含糊不清。不要选择老师正在集中精力讲解的时段提问,此时如果你举了手老师却没有马上让你提问,要能理解老师。

书信提问。即将问题写在纸条上传递给老师,老师自行抽空余时间解答。这种方式操作灵活、问题涉及范围宽,容易得到老师的重视,既可在课堂上使用,也可在课下使用。

不要担心自己的问题太简单幼稚,毕竟每一个疑惑都有它自身的价值。认真思考,不管你采用哪种方式向老师提问,只要清楚地表达你的疑惑并选取合适的时间,你的问题都会得到很好的解答,你也能逐渐提出更有价值的问题。

第五节　我不再是老师的宠儿了

点睛引言

挫折不等于失败，它只是成功之路上的一点小波澜。

案例描述

升入初中，小刚心情压抑。以下是他走进咨询室说出的心里话。

我是一个品学兼优的孩子，从小受到老师的喜爱。因为受家人的影响，任何事情我都力争做到最好，有不达目的不罢休的坚毅性格。

可是，进了重点中学，一切似乎都变了。我不能适应那么快的生活节奏，不适应初中课业，在这陌生的环境里面对着陌生的人，我有了孤独感和失落感。这个学校的学生都是从各个学校选拔出来的，比我优秀的大有人在。我的学习成绩也处于下滑状态。还记得期中考试，我看着第40名的总成绩排名，不禁呜呜地哭起来。尽管我后来发誓一定把成绩赶上去，可是好像脑子不够用似的，怎么努力成绩都只是班上30多名。这对于从小就是班级前10名的我是个很大的打击。我不禁问自己："我，还行吗？"刚进初中时那股舍我其谁的霸气离我而去，小学时的辉煌也不再继续，心中无限悲哀。

就这样，我不再是老师的宠儿，得不到老师的

“特别关注”；也不再是同学们羡慕的对象。这段时间我很内向也很沉默，总是活在自己的世界里，但我的内心是不平静的，我需要倾诉，需要沟通，我不想被别人看不起，可是在学校里没有人会关注我。周末回家我不愿意也不敢把我的学习状态告诉父母，我不想让父母辛苦工作的同时还要为我操心。我不想他们失望……

想一想

小刚为什么哭了？

你有什么好办法可以开导小刚？

心理透视

其实，小刚的这类问题很常见。学校里总有这样一群人，他们从小到大一直都是班里的佼佼者甚至是整个学校的宠儿，一直被光环笼罩着。然而进入新的班级、新的学校后，尖子碰尖子，成绩一下子排不上号了，不再是老师的宠儿，在同学眼里也很平常……他们感觉受到多方面的冷落，心理上一时很难承受。究其原因，小刚的失落感主要是以下两方面造成的。

1. 环境适应困难

环境不适应是众多学生表现比较突出的问题，很多学习和生活上的盲目、无所适从都是由此产生的。特别是刚刚升入中学，学习任务加重，以前的学习方法已经不能帮助自己很好地应对目前的学习了。进入新的学校，和以前欣赏、信赖自己的老师、好伙伴分离，一时还很难融入现在的集体，也可能离家比较远，更增加了孤单的感觉。以前的“主角”光环消失，又得不到及时的心理疏导，因此有些学生的优越感会消失，甚至可能会产生强烈的自卑感和不安全感，心理上会感到矛盾和困惑。

2. 学习动机有偏差

认真想一想：我们为什么要学习？或者小刚为什么这么努力学习？很多学生努力学习就是为了得到父母和老师的肯定和表扬。如果能够不断地得到老师的肯定和表扬，他们就会越学越爱学。然而，父母和老师的肯定只是一种外部的学习动力，如果内部学习动机不强，一旦离开了父母和老师的肯定和表扬，或者换了一个不熟悉的老师，他们就很容易失去学习的兴趣。

小刚到了新的学校，一方面因为学习难度和学习方法的问题导致成绩下降；另一方面因为没得到像从前那般的关注和肯定，没有了老师的欣赏和同学的羡慕而产生失落感。从小刚的叙述中我们还可以了解到，父母对他有较高的期望，因此小刚有比较大的心理压力。他会觉得不能让父母满意、骄傲是自己的过失。并且小刚从小也形成了比较要强的性格，无法接受一时的“失败”。总之，得不到老师、父母和同学们的认可，小刚更加失去了学习的动力。

锦囊妙计

1. 摆正心态，正视自己

首先要学会正确看待自己。“强中自有强中手”“一山还比一山高”。学校里人才济济，高手如云；社会上更是优胜劣汰，竞争激烈。面对差距我们既要有勇于较量、一搏高下的勇气，又要有见贤思齐的雅量和气度。想想，我们在这样的环境里遇到好的竞争对手是一件多么幸运的事，这可以激励我们不断进步。保持一颗平常心，同时学会自我调整，不骄傲、不自卑，走好开学第一步。

2. 积极适应新的老师和同学

我们生活的环境不可能一成不变，给我们上课的老师和我们的朋友也不可能一直在我们身边。我们能做的就是积极去适应新的环境，有意识地提高自身的人际关系处理能力。首先，适应老师。我们不能只沉浸在对原来老师的崇拜和尊重的感情中，也要学会尊重新的老师。多找找新老师的优点，也要多找找新老师的特点。找到了新老师的特点，我们就要努力去适应老师的特点，主动地和老师多沟通，新老师也会很快熟悉你的。其次，主动地结识新朋友。在和新朋友交流的过程中，你会发现他们也可能会遇到这样那样的问题。再次，回家后，跟父母多交流。只要尽力了，父母是不会责怪我们的。利用好老师、同学和家长多方资源，融入新的环境只是时间问题。

3. 认识和体验学习的真正意义

学习不只是为了得到父母和老师的肯定和表扬，更重要的是为了自身的知识积累和能力的提高，为自己将来事业的发展奠定基础。我们上学读书，是为了积累更多的知识，不断提高自身素质。无论老师是否关注、表扬和肯定我们，我们都要认真做好自己应该做的事。这样，当我们感悟到了学习的真正意义时，就算学习成绩不如从前，我们也不会因为父母或老师的态度而过多地失落。

心灵自助餐

面对新的环境、新的集体、新的角色、新的老师、新的同学这一系列的变化，很多同学内心都充满着这样或那样的困惑，甚至会产生心理上的失衡。这些变化是挑战，也是我们成长的契机。同学们可以按照以下步骤，循序渐进地适应新的环境。

1. 适应新学校

了解学校布局，比如哪儿是操场，哪儿是图书馆，哪儿是心理咨询室，哪儿是各年级各学科教师的办公室，等等。只有充分了解了这些资源，才能充分地去利用这些资源，更快地适应新环境。

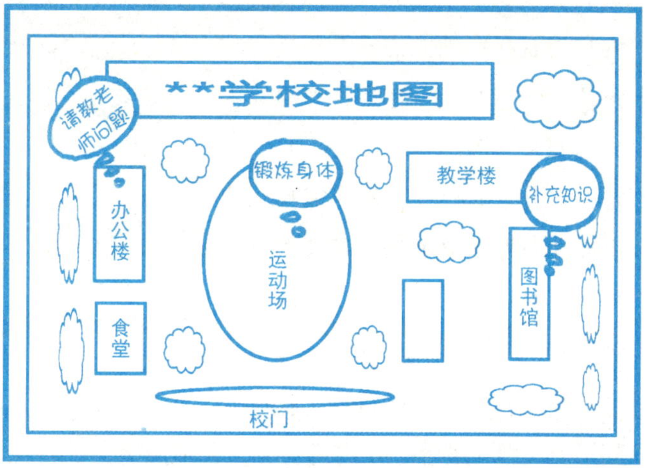

2. 适应新集体

每一位同学都希望自己能在一个积极进取、充满温情的班集体中获得更好的发展。国外研究表明，一个良好的班集体有八个特征，即尊重、信任、合作、参与、发展、内聚力、创新和关怀。有意识地融入班集体，对我们适应新的集体生活有重要的意义。

3. 适应初中学习生活

初中阶段的学习任务比小学阶段的学习任务重得多，不仅学习科目增多，学习内容增多，学习难度也大大加深。如果没有调整好心态，没有良好的学习方法、学习习惯，我们很快就会感到力不从心。因此，我们要做的就是调整好心态，转变学习方法，以积极的方式应对学习、应对考试，努力提升自己，逐渐适应初中的学习生活。

第四章 战胜人际交往中的自卑

——"万人迷"就是我

第一节 我都没有好朋友

点睛引言

想交朋友？如果自己都不喜欢自己，如何让别人喜欢你呢？

案例描述

我叫琳琳，是一名初一学生，已经开学一个学期了，有一个问题一直困扰着我，那就是现在班里的同学都不和我玩儿。他们总是有意无意地避开我，这点我自己也能察觉得到。这么久了，在班里我只和一两个人说得上话，但是根本不算深交。看着那些人缘好、朋友多的人，我好羡慕啊！

我在班里是最矮的，不仅长得不漂亮，还因为遗传的原因戴上了眼镜，特别难看。在那些长得又高又漂亮的女生面前，我觉得自己就像一只丑小鸭，只能衬托得她们更加美丽。

我虽然成绩还可以，但并不算聪明，而他们又会唱歌又会弹钢琴，我觉得自己没有任何可以自豪的资本。

很多时候我都想鼓起勇气和他们玩儿，但我总是对他们聊的话题一无所知，常常只是在旁边听着，根本插不上话。所以，更多的时候我都是一个人默默地在角落里看着窗外，听着他们快乐地聊天。我感到好痛苦，我也特别想跟他们一样有很多朋友，每天快乐地学习、玩耍，可就是不知道该怎么做。

我能找到朋友吗？

心理透视

进入青春期以后，我们对自己的关注越来越多，更加注重自己的感受，在人际关系方面也处于一个敏感期。在这个时期，我们在人际交往方面的需求增加，渴望有更多的朋友，也更加害怕失去朋友。琳琳也不例外。为什么琳琳在班里交不到好朋友呢？我们来帮她分析分析。

1. 对自己评价过低

琳琳的性格中有很明显的自卑成分。她非常在乎自己的形象，认为自己个子矮、长相普通、戴眼镜很难看，因此就比别的同学都要差，自认为“她们不喜欢我”。这种盲目而且不必要的比较让她认为自己很差劲，让她在与别人交往时总感到不自在，很难进入一种自然的状态，总是放不开。久而久之，便不愿意与同学交往了。

2. 环境适应不良

升入初中之后，身处陌生的班级和学校，琳琳并没有很好地融入新环境，而是把自己禁锢在狭小的圈子里。她胆小、害羞、害怕受挫、缺乏与同学交往的勇气，总是期待朋友主动地来到自己身边。正是这种被动的态度，造成了琳琳升入初中之后很长一段时间依然是形单影只。

锦囊妙计

1. 悦纳自我，摆脱自卑

正确认识自己是摆脱自卑的第一步。“金无足赤，人无完人”，你并不是唯一有缺点的人。如果你自己都不喜欢自己，如何让别人来喜欢你，和你交朋友呢？或许你所认识的自己，并不是真实的自己。下面我们通过一个活动来学会全面认识自己。

（1）在左边的方框中写上你眼中的自己是个怎样的人，有着怎样的缺点和优点。

（2）找到你的同学，请他们为你填写右边的方框。他们眼中的你是个怎样的人？具有哪些优点和缺点？

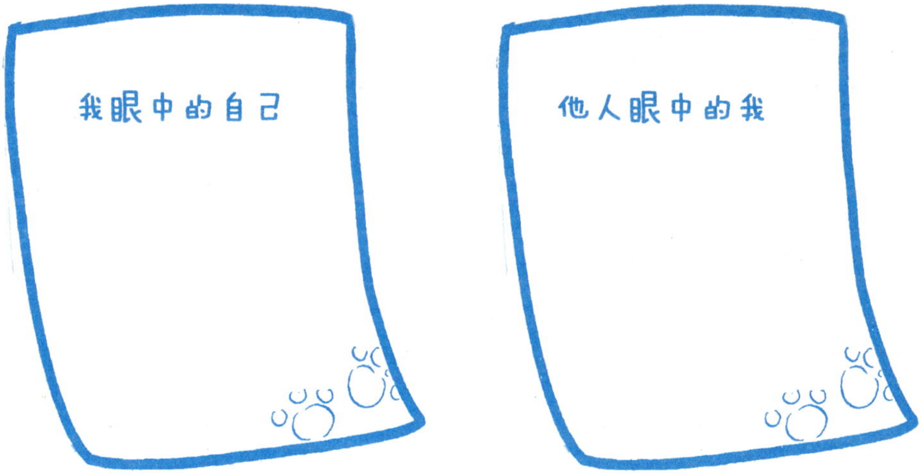

通过这个活动你会发现，原来在别人的眼里你这么可爱，有这么多优点。你以为他们都不喜欢你，其实都不是真的，你也有很多让他们欣赏的闪光点，只是自己被自卑蒙蔽了双眼，从没发现这些优点而已。这样你是不是从心里开始慢慢喜欢自己了呢？

2. 积极适应新环境

首先，要做好心理建设。告诉自己我已经不再是小学生了，我长大一些了，现在是一名中学生；我来到新的学校，有新的同桌，会认识很多新的朋友；我学习的知识将比以前更难，学习的科目将比以前更多，我要根据老师的建议改变自己的学习方法，让自己的初中生活过得快乐。

其次，在行动上要主动融入新环境。你了解这所学校的历史吗？你知道学校的教学楼、行政楼、操场和食堂都在哪儿吗？你知道申请入团该找哪位老师吗？你知道每位老师的办公室在哪儿吗？这些都是到了一所新学校后应该熟悉的内容。通过熟悉新环境，你会发现自己慢慢地已经开始喜欢上这所学校了，并且越来越有家的感觉。

3. 提升交往技巧，主动出击

跟大家都不熟，如何打破尴尬局面呢？

“主动”二字很重要。校门口见到同学，主动打招呼；同学打扫卫生时，主动说“我来帮你”；课间休息，主动邀请同学一起出去走一走……当你面带微笑、热情真诚地邀约时，没有人会拒绝的。

打开局面之后，怎么才能找到好朋友呢？

（1）不能处处以自我为中心

有的同学在家里当惯了“小皇帝”“小公主”，什么都以自己的想法为主，认为别人让着你是应该的。到了学校可就不能这样了。班级是一个大家庭，大家应该像兄弟姐妹一样，平等相处。遇到事情不能再固执己见，而是要通过讨论，虚心听取别人的建议和想法后，大家共同做决定。

（2）真诚相待

维护友谊，不等于迁就对方、附和对方。靠一团和气来调和矛盾，虽然表面上不伤感情，但实际上拉大了彼此的心理距离。交朋友必须坚持原则，有时不妨做诤友，给予他人真心的批评与建议，建立真正互帮互助、和谐的人际关系。

（3）尊重别人的价值观

人是复杂的，不同的人，价值取向也不相同。尊重对方的价值观是交友中很重要的一个方面。学会理解他人，在人际交往中一定要提醒自己不要做让人反感的人。

（4）懂得换位思考

当遇到争执，观点不一致时，应想办法心平气和地向别人讲明你的想法，并尝试站在他人的角度想问题。自己有错时应主动承认、道歉，对同学的缺点也要给予包容。

心灵自助餐

你“会”聊天么？

聊天，谁都会，可怎么样才能做一个大家都喜欢的交谈者，让大家都喜欢跟你聊天呢？

（1）让别人先说。谦虚是一种美德，谁也不喜欢时时刻刻抢着说话的人。与其去争着出风头，还不如给自己多留一点儿思考的时间，深思熟虑才不会说错话。

（2）任何人都有一些忌讳的话题，如个人的隐私、疾病或家庭等。要学会“察言观色”，如果发现自己不小心触及了别人的忌讳，应该立即巧妙地避开。

（3）保持幽默。恰到好处的幽默，能给人带来欢乐，同时有助于缓解摩擦，增近人与人之间的距离。但不能为了追求搞笑幽默不惜侮辱他人，否则只能显出自己的轻薄与无聊。

（4）不要插话，尽量让别人把话说完。谁都不喜欢说话中途被别人无端打断，实在需要中途插话时，也应征得对方同意：“我插句话好吗？”对方同意后再发表自己的观点。

第二节 我不想做他的小跟班

点睛引言

没有人可以让你卑微，低下头颅的人永远无法得到别人的尊重和信任。

案例描述

李明最近非常烦恼，他越来越无法忍受自己最好的朋友林越。

李明由于爸妈工作调动的原因，这学期转学到了另一座城市上学。刚到这座陌生的城市里，李明很多方面都不习惯，再加上爸妈忙于工作，没多少时间陪他，李明常常觉得孤单，他十分想念以前的朋友们。

林越是班里的体育委员，看李明个子长得挺高的，也喜欢篮球，便邀请李明加入班里的篮球队，一来二去，两人很快成了好朋友。林越的性格比较开朗外向，爱开玩笑，也比较有主见，爱替朋友出头。李明和林越在一起后又认识了很多年级上的其他朋友，李明感觉很开心，也很珍惜林越这个朋友。

但是，随着两人交往得越来越深，渐渐地李明发现林越有一个缺点：非常喜欢使唤人。早上林越起床晚，总是叫李明帮他带早饭；有时候打球饿了渴了也让李明帮他买水和面包。这些其实都没有什么，李明也很愿意帮他的忙。可有时候，上自习课，李明在做自己的作业，林越会突然扔过来一张纸条说：“我好饿啊，去帮我买点吃的吧。你不会忍心看着哥们儿饿死吧。”虽然是上课时间，但碍于面子，李明还是偷偷溜出去买过几次。可是时间长了，周围的同学都开玩笑称李明是林越的“小跟班”。每次李明去买东西，同学们便会开玩笑：“哟，李明，你们老大又叫你买吃的呢？”这让李明觉得很没面子。李明也曾想过拒绝，可是以他的性格却怎么也说不出口。

面对最好的朋友，是继续容忍呢，还是拒绝他的要求？如果拒绝，又该怎么说出口呢？

想一想

如果是你，你会愿意做别人的“小跟班”吗？

想要摆脱“小跟班”的身份，李明应该怎么办？

心理透视

根据心理学家马斯洛的研究，人的需求从低级到高级有五个层次：生理需求、安全需求、爱和归属感需求、尊重需求以及自我实现需求。爱和归属感需求属于关乎我们生活幸福感和宁静感的一种高级需要，是成长所不可缺失的。从出生开始，我们寻找归属感的地方首先是家庭，随着我们慢慢长大，便会开始在友谊中寻求归属感。

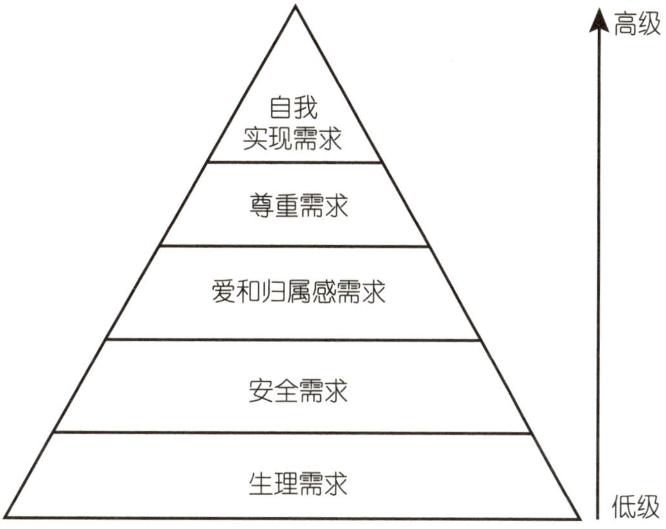

李明明明不愿意，却仍选择满足林越的各种无理要求，其实就是为了维护友谊，获得归属感。如果与林越闹翻，那么就会被林越及其朋友集体排斥。所以，为了安全感和归属感，他选择了屈服。

李明和林越是性格截然相反的两个人。林越性格开朗大方，有很多朋友，因而养成了使唤人的坏毛病，根本不懂得友谊的珍贵，更不懂得朋友之间应该互相尊重，平等交流。而李明性格内向，在新学校只有林越一个好朋友，所以极度害怕失去林越这个哥们儿。为了维护两人的友谊，李明常常违备自己的原则，甚至在上课时间违反纪律出去买吃的，一味地满足林越的不合理要求，不懂得如何拒绝，明明心里不愿意，碍于面子又只好答应下来，弄得自己心里很矛盾，还要被同学取笑。

总的来说，李明的问题是由自身的性格导致的。内向的性格让他交往圈子窄，朋友少，这让他在八面玲珑、朋友众多的林越面前开始不自觉地变得自卑起来。他觉得林越的朋友多，怕得罪了林越其他人也不愿意和他玩儿，于是事事迁就林越，渐渐地两人的地位开始不平等，李明在林越面前越来越低人一等，成了同学们口中的“小跟班”。

锦囊妙计

生活中，面对他人特别是好朋友的不合理要求，怎样才能做到在不影响友谊的情况下表达出自己的真实想法呢？以下有几点建议要提供给大家。

1. 扩大交际圈，提高自信心

很多同学之所以成了别人的“小跟班”，就是因为在学校里朋友太少，感觉孤立无援。要想与人交往时不再患得患失，就应该从今天开始多结交一些新朋友，建立自己的朋友圈。当你有了自己的朋友圈，便不再害怕落单，也不担心唯一的朋友会突然离你而去，与人交往时才能够有底气、有信心，不再“低人一等”。

2. 坚持原则

虽然对方是朋友，但在面对是非曲直时我们依然要坚持自己的原则。只有坚持自己的原则，才能保证自己人格独立，不依附于他人。朋友犯了错，不能处处偏袒；朋友的要求，要量力而行。如果是正当的请求，在你力所能及的范围内尽可能地为朋友提供帮助；一旦超出正常范围，违反纪律、法律和自己的原则，就要毫不犹豫地拒绝。

3. 学会拒绝的艺术

不卑不亢的人才能真正赢得别人的尊重，拒绝朋友的不合理要求并不意味着决裂，只要讲究方式方法，你就能做到既表达了自己的想法又不让朋友受伤。

★直截了当法：直接向对方表明自己的立场和态度。首先要告诉对方自己不能帮忙的原因和理由，其次对于自己的无能为力要表示诚恳的歉意。只要你开诚布公地表达了自己的想法，对方往往能够理解你的苦衷并且自动放弃说服你。

★委婉拒绝法：不好正面拒绝时，可以采取迂回的战术。用温和委婉的语气告诉对方："对不起，我觉得这样做可能不太合适。"这样既委婉地表达了自己的意思，也不至于伤害对方的自尊和面子。

★替代拒绝法：当你觉得无法答应朋友的请求时，何不帮他另想一个解决办法？

其实拒绝的艺术很好掌握，只要你坚守自己的原则，根据不同对象的性格特点和不同情境，做出自己的正确判断，再诚恳地表达自己的态度，你的朋友一定能够理解你的。

心灵自助餐

没有人能让你卑微

一天，老板在办公室查账本，看到一个地方时，有点小疑问，就喊了一个伙计进来询问。这个伙计知道老板最讨厌别人抽烟，于是他一边跑，一边把正在燃着的烟头塞进了裤子口袋里。

刚开始，伙计还忍着炽热认真地回答老板的提问。老板看到他紧张的表情，打量了他一下，发现他的腿正在发抖，老板并没有说什么，继续对账。可是很快，伙计的裤子就开始冒烟了。老板很快察觉了伙计愚蠢的行为，但他什么也没说，只冷冷地看着伙计，既没有让他把烟头拿出来，也没有让他把火拍灭。最后伙计实在忍不住了，只能请求离开，老板同意后他狼狈地跑出办公室。

老板的儿子看到这一幕，气愤不已，他愤怒地对父亲大喊：“你怎么能这样粗鲁地对待别人！”

那是他第一次对自己的父亲发火。可是父亲并没有生气，等儿子埋怨完之后，老板心平气和地说：“我并没有让他把烟头放进裤子口袋里，桌上有烟灰缸，他可以在门外把烟头扔掉，甚至也可以继续抽，是他自己选择了放进裤子口袋里。”

见儿子还不明白，老板拉起他的手说：“每个人都应有自己的尊严，只有懂得尊重自己，才能赢得别人的尊重。不要因为别人的脸色而自卑，记住：永远不要低三下四，你不比别人卑微，哪怕一点儿。”

多年后，儿子长大成人，无论他走到哪里，他都始终记得父亲的话。

虽然自己来自贫穷的非洲，但他始终坚信自己的才智并不比别人低，甚至在很多方面还比别人优秀。通过努力，他成为联合国第七任秘书长，执掌联合国达 10 年之久。

他就是联合国前秘书长科菲·安南。

没有任何人能让你卑微，除了你自己。不要自己把自己摆在了低人一等的位置，还埋怨别人在压迫你。反思一下，其实真正造成这种局面的人正是你自己。

第三节　当众讲话就脸红，好丢脸

点睛引言

我们大多数人所拥有的自信，远比我们想象的更多。——卡耐基

案例描述

从小到大我都特别害怕当众讲话，上课的时候我即使知道答案，也从不会举手回答问题。要是哪天运气不好，被老师抽到了，一站起来脸就会红得跟猴屁股似的，头低低地埋着，回答的声音也特别小。回答完之后就赶紧坐下，好一阵心里才能恢复平静。

对于上台发言，我更是怕得不行。上周评选优秀少先队员，我并不想放弃这个机会，再加上同学们的鼓动，我头脑一发热，就冲上讲台去了。上去之后我的兴奋劲就过去了，靠在讲台边上腿一直发抖，根本站不住，说话时声音也在颤抖。我不敢看大家的眼睛，一看到他们，我更说不出话来了，只好看着天花板，语无伦次地说了几句话就下来了。

结果我落选了，选上的同学个个都说得很好。我恨自己怎么那么无能，为什么一站上去就手脚都不听使唤了呢？真想自己也能像他们一样，站在台上从容地说话。

——小俊

想一想

上课时你敢积极举手回答问题吗？

你是一个敢于当众讲话的人吗？

站在讲台上，如何才能不紧张？

心理透视

在美国，曾有人做过一项调查，即让每位参与者写出10件最恐惧的事。最终他们得出了一个结论：排名第二的事情是死亡。什么排名第一呢？就是在众人面前表达自己的观点或演讲。

可见，大多数人在演讲或当众讲话时都会感到紧张和害怕，所以这是一个很普遍的现象，小俊不应该为自己感到丢脸。那么，是什么原因导致我们一上台就会不由自主地紧张呢？

根据心理学研究，大概有以下一些原因。

1. 追求完美，怕出错被人笑话

随着年龄的增长，我们对于自我的期待——希望自己以后成为一个什么样的人——开始逐渐变得清晰起来，这就是理想自我。我们心中的理想自我都是非常优秀完美的，而现实生活中的自己却难免还有些幼稚和缺点。我们做任何事情，总是希望自己能够做到最好，像自己所预期的那样。正是这种追求完美的心态，让我们不允许自己犯哪怕一丁点儿的错误，但越害怕出错越是会表现不佳，反而造成心理紧张。

我们在课堂上回答老师的问题时都想回答正确，得到老师的夸奖和同学的赞美。但有的时候由于思考不到位，我们答错了，这时就会觉得很尴尬，很没面子，心里就会想同学们肯定都在笑话自己，老师肯定觉得自己很笨。慢慢地，对于老师的提问就越来越没有信心，也不再积极地举手回答问题了。

2. 太在意听众的表现

在面对众人发言时，评价往往是单向度的，你并不知道听众对自己的讲话是怎么评价的，于是便倾向于将观众的表情、动作和自己的讲话联系起来进行猜测。看到有人交头接耳，便觉得是在讲自己的坏话；有人上下打量你，便认为他是在挑剔自己的毛病。这些想法不仅会造成自己情绪紧张，更在无形之中增加了你的思想负担，造成精力分散，影响发挥。

3. 准备不充分

无论是上台发言还是上课回答问题，如果没有做好充分的准备，那是肯定没有足够的信心的。明天就要参加竞选演讲了，演讲稿还没有背住，也没有设计到时候该用什么动作和手势，如果就这样走上讲台自然会心虚。一旦某句话没讲好，某个动作没做好，或某个地方忘了台词，就会造成紧张。人越紧张越想不起要说什么，一说不出话来，就更紧张，如此恶性循环下去，最终只有草草收场。上课回答问题也是一样的，如果事先没有预习过老师要讲的内容，听课的时候就会很吃力，当然害怕被老师点名回答问题了。

4. 早期有失败的经历

如果一个人曾经在某次发言时有过失败的经历，尤其是在非常重要的发言中出现问题，就会对自己的能力产生怀疑，从此一蹶不振，觉得自己再也不能做好这件事了。比如有的同学曾经在大家面前表演唱歌，唱到中间忘记了歌词，被大家“轰”下台去了，可能以后就再也不会上台唱歌或表演任何节目了。

锦囊妙计

心理学实验已经证明：适度的紧张对演讲者是有益而无害的，因为它能造成一种压力，迫使你在说话的时候更认真、更慎重，对成功和失败的各种可能因素也考虑得更周到、更详细，从而避免了轻率、盲目乐观的毛病。对此，我们应该有一个清醒的认识，明确告诉自己：紧张是必然的，同时也是可控的。我们可以从以下几个方面努力，来克服紧张情绪。

1. 首先要调整心态，将消极思想积极化

当你坚信自己能做成某事，你通常就会成功。从另一个角度讲，如果你总是预测会失败，你将永远会得到这样的结果，尤其是上台发言这件事。那些否定自己的人比那些肯定自己的人更容易被怯场情绪击败。

消极的思想：	积极的思想：
“我不是一个擅长演说的人。”	“人无完人，我的演讲水平在一次次的锻炼中会不断提高。”
“我一上讲台就紧张。”	“谁都会紧张，如果别人能应付自如，那我也能。”
“他们对我的发言都不感兴趣。”	“我这个话题很不错，而且准备充分，他们肯定会感兴趣。”

将消极的思想转化为积极的思想，虽然不能彻底赶走紧张情绪，但可以帮助你控制紧张情绪，使你集中注意力来表达你的思想观点，而非担心自己的恐惧感和焦虑感。

你来做

下面是杨朵朵同学对于课堂发言的一些想法，请你帮助她，将这些思想积极化，并写下来。

杨朵朵是这样想的		我觉得应该这样想
这么多同学看着呢，我好紧张啊。 要是回答错了该多丢脸啊。 老师会不会骂我呢？ 我不知道这个答案到底是不是正确的……	→	

2. 事先做好充分的准备

一位演讲顾问曾说：“充分的备战可以消除75%的怯场感。”试想，演讲比赛就要到来了，你早就想好了一个很好的题目，并已把它研究得非常透彻，经过反反复复的修改和打磨，你的讲稿如今就像一颗精心雕琢的宝石一样光彩熠熠，在此基础上你还练习了好多遍，已经可以流利地、充满感情地进行演讲，在这种情况下，你又怎能不对自己的成功充满信心呢？

如果你即将参加一场学校举行的演讲比赛，该做哪些准备才能确保演讲时万无一失呢？

★对于最重要的演讲稿应尽量做到“提前写好，精细修改，熟练背诵”。也可设计一些手势或动作，确保表达效果更好。

★如有条件，不妨找两三个朋友或父母充当听众，自己给他们试讲一番，让他们多提意见和建议，并及时修改。试讲时还要精确地计算时间，宁短勿长。

★比赛的前一天最好到会场熟悉一下环境和音响效果。如果在演讲的过程中要用到电脑、投影仪或者白板等设备，最好先逐一地对它们进行操作。这样能够避免正式比赛时由于不熟悉现场环境和设备而造成紧张情绪。

3. 多积累上台发言的经验

通往成功的道路有时是崎岖不平的。自然大方的发言和演讲是需要在不断的尝试和失误中才能学会的。你积累的经验越多，上台发言的恐惧感就会越轻，到最后，你的恐惧感会被发言前的一种适度的紧张感所代替。所以要在日常生活中抓住一切机会磨练自己，如上课积极举手发言，平时勇敢发表观点，经常参加辩论会、演讲比赛、班干部竞选或者先进评选等。

心灵自助餐

如何化解发言中的紧张情绪

1. 如果讲到一半忘词了，不要紧张，跳跃到下面的内容，很可能根本没有人注意到你的失误。

2. 卡壳不是问题，不要总是用“嗯”“啊”“那个”“然后”来填充时间。优秀的演讲者会利用卡壳的停顿重复前面已经讲到过的重点。

3. 如果看观众的眼睛会让你紧张，那就看观众的头顶（观众不会发现的），或者只看那些比较友善的或常笑的脸。

4. 最好适当地使用肢体语言，做些手势，让身体松弛下来，紧张感自然缓解。

5. 如果你会发抖，就千万不要把讲稿拿在手上，那只会让你的发抖更明显。可以握紧拳头或扶着讲台。

一分钟内，赶跑紧张情绪

★深呼吸：什么也不要想，先深深吸一口气，气沉丹田，动作越慢越好。吸气时，腹部慢慢地鼓起来，憋住 5 秒钟，再慢慢地呼出来，肚子也慢慢地瘪下去。如此重复几次。

★在等待上场的时候，静静地拉紧、放松你的手或腿部肌肉。这会帮你释放多余的肾上腺素，减缓紧张感。

★扩胸运动：扩胸运动可以简单到就挥几下手，让呼吸得到调整，和深呼吸是有类似效果的。

★松弛脸部肌肉：一个人如果很紧张，脸部也会绷紧，表情也会不自然，这时候适当松弛脸部肌肉可以缓解紧张情绪。比如上扬嘴角，或者采用微笑的方式运动脸部肌肉。

第四节　看见老师就想躲

点睛引言

师者，所以传道授业解惑也。——韩愈《师说》

案例描述

明明是一个胆小的孩子，从小就很害怕老师，有不懂的都不敢去向老师提问，一和老师说话就会特别紧张，平时在学校里碰到老师都不敢打招呼，总是一溜烟就跑了。

教师节快到了，为了锻炼他的勇气，爸爸交给他一个艰巨的任务，那就是向他的

班主任老师说声："老师，您辛苦了，谢谢您！"

明明平时就特别内向，很少主动跟老师说话，如此感性的话对胆小的明明来说实在是太难了，他就像是背上了一个沉重的包袱。每次，当明明来到老师的面前想要说出那句话时，他就会面红耳赤，怎么也张不开嘴。情急之下，便手忙脚乱地拿出习题，随便找一道题装作不会的样子请老师帮助解答。

明天就是教师节了，爸爸给明明下了死命令，今天必须向老师表达谢意。

无奈之下，明明终于鼓起勇气，给老师打了个电话。挂上电话，他兴高采烈地从房间里跑了出来。爸爸着急地问："怎么样？老师说什么了？"

明明如释重负地说："太好了，老师不在家。"

心理透视

同学们，不要笑明明胆小，其实我们也有这样的时候，一见到老师就躲，特别是班主任老师，这是为什么呢？

"在学校里老师要管我们，犯了错误就会受到老师严厉的批评和惩罚。"

"因为老师会跟我爸妈告我的状。"

"我怕老师说我怎么又在玩儿，问我：作业有没有做好啊？"

"我害怕在老师面前说错话，又不知道该怎么办。"

"老师都喜欢成绩好的学生，我成绩那么差，我觉得老师不喜欢我。"

"老师平时太严肃了，都不怎么笑。"

…………

据了解，几乎每一个学生都会怕老师。其实学生怕老师，不是因为老师可怕，而是因为老师在我们的心目中代表了一种权威。教师权威的形成有着文化、历史等多方面的原因。

1. 我国有尊师重教的传统

在我国历史上，儒家思想长期占据着统治地位。儒家倡导将“道”作为人们行为的基本准则，而“师者，所以传道授业解惑也”（意为：老师，就是传授做人的基本准则，教会我们方法和知识的人）。古语有云：“一日为师，终身为父。”几千年来，尊师重教作为中华民族的传统美德之一已深入人心，世世代代地延续着。

2. 对于权威的敬畏

对于能力比我们强的人，我们总会有一种敬畏感。语文老师多博学，提起笔来能生花；数学老师逻辑强，课堂教学顶呱呱；英语老师一开口，准叫老外都惊叹；音乐老师似黄莺，唱起歌来真动听；体育老师人最帅，三分上篮气不喘。各科老师都有其专长，多才多艺。

另外，老师还以身作则，教我们养成良好的道德品质，培养我们成为对社会有用的人。当我们犯错误时，总是给予我们包容和鼓励。

这样“无所不知，无所不能，上知天文，下知地理”的老师怎能不让我们崇拜，怎能不让我们敬畏啊！

3. 老师是班级的管理者

在学校，老师除了教我们知识，还是班级的管理者。每个班都有班主任，班主任的职责就是管理全班同学，维护班级的规章制度。如果有同学违反了纪律，就要受到老师的惩罚和批评。

为了让大家遵守学校的规章制度，班主任老师难免会比较严厉。这可能会让有的同学觉得很恐怖，难以接近，也生怕自己犯错了会受到责罚。

锦囊妙计

1. 老师也是普通人

即使你过去受到过老师的批评或惩罚，也不用放在心上，因为老师批评教育的初衷是为了学生更好地发展。而且，并不是所有老师都是这样严厉的。大部分老师是非常愿意和同学们做朋友的，即使上课很严厉的老师，私底下也是很温和的，我们不应该以偏概全。

其次，要学会与“权威”人物沟通。老师也是普通人，也有喜怒哀乐，他们并不是高不可攀的。平时，我们可以积极主动地找老师问问题、反映情况、聊聊天，接触多了你就会发现老师其实也能做你的知心朋友。

2.“面对并消除你的恐惧行动计划”

放学路上，你的班主任老师正好走在你的前面，你和他越走越近，已经快要赶上他了，这时你会跟老师打招呼问好呢，还是减慢速度避免老师看见你呢？

我们看看小林是怎么做的，下面是他的矛盾的心理活动。

阻力	助力
“怎么会碰到老师呢，早知道不走这条路了。”	“可是，回家就这一条路，逃也没处逃呢。”
“那我就慢慢走，一直跟老师后面，等他拐弯。”	“据说老师的家比我远一些。”
“老师好像越走越慢了，咋办啊？”	“要不就假装没看到老师，然后超过他。”
“要是老师看到我怎么办，我可不想被老师叫住。”	“没关系，自己的班主任老师嘛。”
“上周才因为讲话被他批评过，老师会不会看不惯我啊？”	“那都是一周以前的事了，再说我这周表现好多了。”
“可是……我该说什么呢？”	“就打声招呼，问个好吧，说完就走。”

在激烈的思想斗争之后，小林上前几步喊道：“张老师，您好！”张老师转身：“小林，你好啊！这么巧，今天你怎么没跟王波他们一块儿啊？”小林：“我今天做值日，所以他们先走了。老师你怎么知道我平时都跟他们一块儿回家呢？”张老师：“我经常看到你们放学一起走，所以猜想你们几个的家都是挨着的。”小林：“嗯，的确是这样，我们……”

不知不觉，小林和张老师一路聊到了家门口。

小林觉得这一路的聊天很愉快，张老师非常关心自己，知道小林也喜欢下棋，还邀请他到自己家里拼杀两盘呢。

看吧，其实跟老师像普通朋友一样聊天根本没有想象中那么困难。只要你能跨出那一步，把老师当平常人就好了。

试试“面对并消除你的恐惧行动计划”吧，你也可以的！

心灵自助餐

民主生活会

全班同学选取一个时间，将老师们都请来，召开一次民主生活会，让大家和老师进行零距离的沟通，把心底的话都说出来，消除隔阂。

老师我想对您说：

第五节　不敢和异性说话

点睛引言

异性友情的发展，就像双曲线，无限接近但永不触及。——卢梭

案例描述

今天心语聊天室来了一个叫俊芳的姑娘，是初中一年级的学生。俊芳学习很努力，成绩在班上名列前茅，回到家里也肯做家务，如洗衣服、做饭、打扫房间等都能主动去做，是个乖巧懂事的女孩儿。在学校，俊芳有几个要好的朋友，不过都是女生，

她说自己几乎没有异性朋友。不知道为什么，自己跟男生说话时总会感到特别紧张，不自在，然后不由自主地就会脸红。而且现在班里一旦有男生跟女生走得近一点，别的同学就会起哄，说他们在谈恋爱，这让她更是对男生避而远之。要是有男生向她请教学习上的问题，她明明知道也会说没弄懂，然后便把头埋下去了。这让一些男生觉得她很傲慢，明明学习成绩很好，却不愿意帮助同学。俊芳觉得自己挺冤的，可她不知道怎么的就是迈不过这道坎。于是，她来到咨询室向老师求助。

心理透视

俊芳的表现即是我们常说的“脸皮薄”“面浅”。俊芳明明很渴望与异性交往，却缺少胆量和勇气，与男同学在一起时总是惴惴不安，还会脸红，常常不知道该说什么。从心理学的角度来说，出现这种现象主要有以下几个方面的原因。

1. 青春期的生理、心理变化

进入青春期以后，我们的身体发育进入第二个生长高峰期，开始有了第二性征的变化。在生理方面，与自己性别相关的特征会越来越突出，男生声音变粗，并开始长胡子，等等；而女生会变得更加丰满，身体曲线更加明显。随着性别意识的增强以及自我意识的发展，我们便开始注意自己在老师、同学、朋友、邻居、长辈们心目中的形象。更加关注“我是不是漂亮”“我帅气吗”这样的问题，并且十分重视别人对自己的评价。

在人际交往方面，开始产生接近异性的冲动，也开始关注异性，欣赏异性的风采。对于异性之间的交往充满好奇。

一些性格比较内向、很少接触异性的同学会更加注重别人对自己的评价，也会更加害羞。尤其是女孩子，脸皮薄，生怕出错丢面子，在与异性交往时便容易紧张和羞怯，躲躲闪闪。

2. 对异性交往的认识不足，不能区分爱情和友谊

这个时期老师会三令五申禁止谈恋爱，这让大家对于男女生之间的交往更加敏感。看到有异性之间走得比较近，便会起哄两人是在谈恋爱，其实很多学生在这个时候都还不能很好地区分友谊和爱情。

亲情、友情和爱情都是人类的重要情感，都是很美好的。我们一出生就开始和父母建立起亲情。此后，我们渐渐长大，有了自己的小伙伴，便开始拥有友情。而爱情，却要等到成年以后才有机会品尝。进入青春期之后，很多同学都开始对爱情产生憧憬，也很容易将爱情和友谊混为一谈。如何才能做到与异性自然大方地相处，这对很多同学来说都是一个难题。

锦囊妙计

我们知道异性之间是可以大大方方交往的。我们只需要了解男女生交往的必要性，并且掌握一些异性交往的技巧就可以了。

1. 改变认识误区

首先，异性交往有利于智力上的取长补短。心理学研究表明，男生和女生在智

力上虽然没有高低之分，却有类型的不同。比如在思维方面，女生往往更擅长形象思维，表现在学习上就是女生更擅长语文、英语等学科；而男生往往更擅长抽象的逻辑思维，表现在学习方面就是男生大多更喜欢数学、物理、化学等学科。男女生之间的正当交往有助于学习上取长补短，互相帮助，共同进步。

其次，异性交往有利于男女生的性格互补，提升人际关系。一般来说，女生比较温柔细腻，富有同情心，而男生的情感更粗犷热烈，容易外露。女生可以在男生那里得到鼓励，男生有烦恼时可以在善解人意的女生那里得到倾听和安慰。异性之间的你来我往、互相帮助能让每个人的性格变得更好，结交到更多的朋友。

2. 学会区分友谊和爱情

心理学家来告诉你，爱情和友谊最大的区别就是爱情具有排他性，只能和一个人发生；而友谊并不排他，你可以和多个人保持友谊。我们平时所说的喜欢也并不等同于爱情，“喜欢”只是单纯的对异性的一种欣赏，这是两种不同的情感。根据斯滕伯格的爱情三角理论，爱情是由亲密、激情、承诺三个因素组

成的，缺少其中任何一个因素都不能称为爱情。

我们这个时期和异性的交往既没有亲密行为，也没有激情和承诺，所以那并不是爱情。

3. 集体交往，自然不尴尬

为了避免所谓的“风言风语”，引起其他同学的玩笑，交往的时候尽量不要只跟个别异性交往或搞一对一的亲密交往，最好与更多的异性进行接触，这样不仅能够吸收多个异性的优点，也能够缓解初次与异性相处的羞涩感。建议同学们平时多参加集体的郊游、运动项目或辩论比赛等。与异性相处时，注意要大方得体，不要躲躲闪闪；表情要真实自然，不要矫揉造作；行为上要张弛有度，不要盲目冲动。把异性同学当作同性同学一样对待，做到以上这“三要”和“三不要”，经过长期的锻炼，一定能够克服尴尬，与异性相处自然就没有问题了。

心灵自助餐

异性交往的技巧和策略

1. 宜泛不宜专

异性同学之间的广泛交往，有利于学习上的共同进步，也有利于情绪的振奋。而异性同学之间不宜长期地专一交往，这样容易导致对对方过于依赖，使本来正常的同学交往发展为早恋。

2. 宜疏不宜密

异性同学间的交往是正常现象，但一定不要一门心思地钻在里面。男女同学有性别之差，人的一些潜意识往往在与异性的交往中被发掘出来。过于频繁地与异性交往会唤起人的热情，激起人的冲动。所以男女同学的交往频率要低一些，这样有利于自己的健康成长。

3. 集体交往

多参与集体活动来满足对异性交往的需求。集体中的人际交往，可以互补男女生的个性差异，使性格更豁达开朗，情感体验更为丰富。

4. 自尊自重

同异性交往时要自尊自重。要注意衣着打扮和言行举止，不随意打闹和挑逗，身体接触要有分寸。

第五章　直面家庭问题

——磨炼也是一种财富

第一节　爸爸，我想得到你的赞扬

点睛引言

在告诉父母我们不是完美小孩的同时，也告诉自己父母也不是我们期待中的完美大人。

案例描述

家鹏是一个初中二年级的学生，他品学兼优，不仅年年考试名列前茅，更是老师的得力助手；在家里他也是个听话懂事的好孩子，不仅能做到自己的事情自己做，还能帮妈妈分担家务。家鹏生活在一个典型的“严父慈母”的家庭里，每次他表现得好，妈妈都不会吝啬自己的夸奖；而爸爸呢，却总是板着脸，告诉家鹏比他优秀的人大有人在，“虚心使人进步，骄傲使人落后”。

家鹏的爸爸是一位大学教授，他不仅对自己要求严格，对家鹏也是一样，他希望自己的儿子长大后，能比他优秀。虽然在别人看来，家鹏已经很优秀了，但家鹏的爸爸怕太多的夸奖会让家鹏得意忘形，因此每次在别人夸奖过后，他都不忘给家鹏泼一盆冷水。

可是家鹏却对爸爸的“良苦用心”毫不知情，在家鹏眼里，爸爸是他的偶像，对他来说爸爸的夸奖比任何奖状都重要，可不管他怎么努力，都得不到自己想要的肯定。

渐渐地，家鹏有些泄气了，因为不管他多努力，爸爸都会说“还要继续努力”“不要有一点成绩就骄傲自满，××比你做得更好”之类的话。慢慢地，他开始不相信自己，觉得自己确实不如别人，特别是当考试考得差或者做什么事失败后，他就更加确信父亲说得对。

家鹏的谦虚正是父亲想要的，可过分谦虚让家鹏变成了一个自卑的孩子。竞选班长时，他不再像原来一样跃跃欲试，而是觉得自己的能力还远远不够；考得不好时，他会觉得这才是自己的真实水平，而考得好呢，却是“偶尔走运罢了”。可是后来，家鹏发现，过分虚心并没有让他进步，反而使他退步了很多。

想一想

父亲的打击让家鹏变得自卑，想一想，谁的打击对你来说是最“致命”的？

心理透视

1. 为什么父亲的赞扬对家鹏那么重要呢

人类行为学家约翰·杜威曾说：“人类本质里最深远的驱策力就是希望具有重要性，希望被赞美。”每个人都希望被赞美，在心理学意义上源自个体渴望被尊重、被认可的精神需求。一旦这种精神需求得到满足，人就会充满自信和动力。因此，家鹏希望得到父亲的赞扬是很正常的需求。在家鹏看来，父亲是自己的偶像，也是自己人生的“第一任老师”，如果能得到父亲的夸奖，自己就会充满自

信和干劲。可是家鹏的父亲出于“望子成龙”的想法，时时提醒他、告诫他，甚至打击他，而赞扬与奖励却是少之又少。这样一来，父亲的赞扬对家鹏来说，就更加珍贵了。

2. 没有了父亲的赞扬，家鹏为什么会自卑呢

人本主义心理学家认为，一个人对他自己的认识，很大程度上受他人评价的影响，特别是受父母的评价的影响。家鹏的爸爸对家鹏的评价都是“不够好”“还需继续努力”，虽然爸爸的本意并不是贬低家鹏，而是希望他能再接再厉，做更优秀的人，但过多的消极评价对家鹏来说就像是一张张“标签”，这些“标签”上都写着“笨小孩”“没用的家伙”“失败者”等不好的字眼。这些“标签”时时刻刻都“贴”在家鹏的身上，也慢慢地渗透进他的心里，久而久之，家鹏就接受了它们，并把它们当作自己的真实写照，认为自己真的是“没用的家伙”“失败者”。这些“标签”让家鹏变得越来越不敢去尝试，越来越自卑。

锦囊妙计

家鹏觉得自己进步了，但父亲依然“吝啬”自己的赞美之词，家鹏应该怎么办呢？

1. 欣赏自己，树立自信

每个人都希望得到别人的赞赏，但是相对于别人的赞赏，自己对自己的欣赏才是最重要的。故事中的家鹏变得越来越自卑，其实与过于消极的自我评价有关。当一个人过于看低自己的时候，就会放弃很多原本属于自己的机会，并且对自己的成功视而不见。因此，家鹏应该认识到，那些写着“失败者”的“标签”并不能代表自己。他应该撕

掉“标签”，正确看待自己，树立自信，在别人欣赏自己之前，先做到自我欣赏。

自我欣赏小方法：

每天早上给镜子里的自己一个微笑，告诉自己“我很棒”。

每天找出自己身上的十个优点，坚持一段时间，说不定还会有意外的收获呢！

2. 大声说出自己的感受

父母无疑是爱孩子的，但有很多父母却像故事中家鹏的父亲一样，总是在用错误的方式表达爱，结果只能对孩子造成伤害。如果家鹏不说出自己的真实感受，告诉父亲他需要的爱并不是一味的批评和鞭策而是简单的夸奖与肯定，父亲可能会永远用错误的方式对待他。因此，他应该大声说出自己的感受：“爱我你就夸夸我！”

3. 放低期待，体谅父母

父母的爱总是包含了太多期待，他们希望孩子能够优秀、高人一等，因此不惜给孩子施加压力，增加孩子的痛苦；但作为孩子，我们同样也对父母抱有很多期待，我们希望他们能够时时刻刻理解我们的感受，我们做得好时夸奖我们，做得不好时原谅我们。所以，请放低自己对父母的期待，体谅他们的良苦用心。在告诉父母我们不是完美小孩的同时，也告诉自己父母也不是我们期待中的完美大人。

心灵自助餐

“精彩极了”和“糟糕透了”

巴德·舒尔伯格

记得七八岁的时候，我写了第一首诗。母亲一念完那首诗，就眼睛发亮，兴奋地嚷着：“巴迪，这是你写的吗？多美的诗啊！精彩极了！”她搂着我，不住地赞扬。我既腼腆又得意扬扬，点头告诉她诗确实是我写的。她高兴得再次拥抱了我。

“妈妈，爸爸什么时候回来？”我红着脸问道。我有点迫不及待，想立刻让父亲看看我写的诗。“他晚上七点钟回来。”母亲摸摸我的脑袋，笑着说。

整个下午我都怀着一种自豪感等待父亲回来。我用漂亮的花体字把诗认认真真誊了一遍，还用彩色笔在它的周围画了一圈花边。将近七点钟的时候，我悄悄走进饭厅，满怀信心地把它平平整整地放在餐桌父亲的位置上。

七点。七点一刻。七点半。父亲还没有回来。我实在等不及了。我敬仰我的父亲。他是一家影片公司的重要人物，写过好多剧本。他一定会比母亲更加赞赏我这首精彩的诗。

快到八点钟的时候，父亲终于回来了。他进了饭厅，目光被餐桌上的那首诗吸引住了。我紧张极了。

"这是什么？"他伸手拿起了我的诗。

"亲爱的，发生了一件美妙的事。巴迪写了一首诗，精彩极了……"母亲上前说道。

"对不起，我自己会判断的。"父亲开始读诗。

我把头埋得低低的。诗只有十行，可我觉得他读了很长的时间。

"我看这首诗糟糕透了。"父亲把诗放回原处。

我的眼睛湿润了，头也沉重得抬不起来。

"亲爱的，我真不懂你这是什么意思！"母亲嚷道，"这不是在你的公司里。巴迪还是个孩子，这是他写的第一首诗。他需要鼓励。"

"我不明白，"父亲并不退让，"难道世界上糟糕的诗还不够多吗？哪条法律规定巴迪一定要成为诗人？”

我再也受不了了。我冲出饭厅，跑进自己的房间，扑到床上痛哭起来。饭厅里，父母还在为那首诗争吵着。

几年后，当我再拿出那首诗看时，不得不承认父亲是对的。那的确是一首糟糕的诗。不过母亲还是一如既往地鼓励我，因此我一直在写作。有一次我鼓起勇气给父亲看一篇我写的短篇小说。“写得不怎么样，但还不是毫无希望。”根据父亲的批语，我学着进行修改，那时我还不满 12 岁。

现在，我已经写了很多作品，出版发行了一部部小说、戏剧和电影剧本。我越来越体会到我当初是多么幸运。我有个慈祥的母亲，她常常对我说：“巴迪，这是你写的吗？精彩极了。”我还有个严肃的父亲，他总是皱着眉头，说：“这个糟糕透了。”一个作家，应该说生活中的每一个人，都需要来自母亲的力量，这种爱的力量是灵感和创作的源泉。但是仅仅有这个是不全面的，它也可能会把人引入歧途。所以还需要警告的力量来平衡，需要有人时常提醒你：“小心，注意，总结，提高。”

这些年来，我少年时代听到的这两种声音一直交织在我的耳际：“精彩极了”“糟糕透了”；“精彩极了”“糟糕透了”……它们像两股风不断地向我吹来。我谨慎地把握住生活的小船，使它不被哪一股风刮倒。我从心底里知道，“精彩极了”也好，“糟糕透了”也好，这两个极端的断言有一个共同的出发点——那就是爱。在爱的鼓舞下，我努力地向前驶去。

第二节 我也有个公主梦

点睛引言

梦醒了，生活还要继续。

案例描述

小惠是个地地道道的农村孩子。为了让小惠接受更好的教育，父母把她送到了城里读书。小惠的零用钱很少，刚刚够交伙食费；她的衣服也很少，刚刚够换洗着穿，也不是什么时髦的样式。尽管这样，小惠还是很感激她的父母能把她送到城里读书。为了报答父母，她每天都很努力地学习；为了省钱，她也不像其他女孩子那样爱买零食，更别说买衣服了。但小惠还是很满足，每天都开开心心地生活着。直到她遇到了新同桌丹丹，她再也开心不起来了。

丹丹是一个活泼开朗的女孩，她穿着漂亮的衣服，戴着闪亮的蝴蝶发卡，带着父母的千叮万嘱，来到了小惠的班级，并成了小惠的同桌。丹丹迅速成了小惠最好的朋友。丹丹知道小惠家条件不好，对小惠特别照顾："小惠，我妈妈又给我买了新的发卡，这个送给你！""小惠，我爸说了，要多吃水果补充维生素，这苹果给你吃！”小惠很感激有这样的朋友，但每一次听到丹丹说“我爸说……”“我妈给我买了……”时，她心里就很不是滋味。她经常想：“凭什么丹丹可以有富有的家庭，而我只能是一个农村的穷孩子？凭什么丹丹可以有这么宠她的爸妈，而我的父母把我送来学校就不管我了？”渐渐地，怨恨、妒忌和自卑在小惠心里滋长，她觉得丹丹对她的友好是施舍和嘲笑，同学们看待她的眼光更是充满了鄙夷和歧视。而她认为，这一切都是因为自己出生在一个贫穷的家庭。

小惠经常幻想她有一对特别富有的亲生父母。她的亲生父母曾经因为不得已的原因才把她寄养在现在这个家里，但有一天，他们会当着所有同学的面，开着豪华的大车来到学校，把她接到大别墅里。他们会对她特别好，能满足她所有的要求，给她买世界上最漂亮的衣服和最漂亮的发卡，让她一下子从灰姑娘变身为公主。

但是每个月回家，小惠都会从华丽的幻想跌落到灰暗的现实里，她不得不承认，她的亲生父母就是这一对普普通通的农民夫妇。小惠开始对自己的父母发脾气，埋怨他们不给她买新衣服，质问他们为什么这么穷。在学校，小惠也不再努力学习了，她总是想，自己再努力也是穷人家的孩子，别人不需多努力，也能过上比她更好的生活。她和丹丹的关系越来越疏远，也经常因为同学的无心之言和他们发生矛盾，就这样，小惠慢慢变成一个像刺猬一样到处扎人的孩子。

想一想

是什么让小惠变成了一只“小刺猬”？

心理透视

小惠原来是一个乖巧的孩子，她懂得感恩，知道父母把她送到城里读书不容易，她用努力学习、勤俭节约来回报父母的恩情。但新来的同桌让她看到了另一种生活，她看到了原来有人可以像公主一样生活着，原来自己一直都过得这么辛苦。她觉得这个世界真是不公平，她幻想自己有不一样的命运，于是她变得爱抱怨，讨厌现实，觉得人人都看不起她。渐渐地，她成了一个到处扎人的“小刺猬”。

其实，小惠陷入了以下两个心理误区。

1. 盲目攀比，错把爱等同于物质的满足

在丹丹父母的映衬下，小惠父母对她的爱似乎显得太单薄。在小惠看来，似乎“给我买更贵的衣服，就代表爱我多一些”，而把父母为她能接受更好的教育所做的牺牲、对她的愿望的尽可能满足、对她的悉心照顾等都丢在一旁。其实那些她嫌弃的东西，都渗透着父母对小惠的爱，这样的爱虽然不像昂贵的衣服、漂亮的发卡那样华丽，却也同样闪耀着动人的光芒。

2. 把富有当作自信的关键

小惠生在一个并不富裕的家庭里，因此在吃穿住行上，小惠都要比别的孩子更艰苦一些。她没有时髦的衣服，没有漂亮的发卡，也没有吃不完的零食，这些让小惠在同学面前抬不起头来，觉得自己样样都不如别人。于是，她幻想自己的亲生父母“开着豪华的大车来接她”，给她所有富人拥有的东西，她觉得只有这样同学们才会看得起自己。

锦囊妙计

1. 换种心情看自己

总是盯着自己没有的东西看会越来越自卑，想想你的优势吧！你的家庭可能并不富有，但至少它是温馨幸福的；你的衣服可能并不时尚，但至少它是防风保暖的；你的父母可能并没有把你捧在手心里，但至少他们是爱你的。换种心情看自己，你就会幸福！

2. 感恩父母

你的家庭并不富裕，但父母为了能让你过得好，已经付出了很大的努力。想一想，

要买同样的衣服，你的父母要比别人的父母多工作几个小时，甚至几天！可是他们还是尽可能地满足你的要求，可见他们有多爱你！虽然在物质上，他们并没有能够满足你的虚荣心，但在精神上，他们教会了你独立，教会了你节俭，这些美好的品德都是不能用物质来衡量的，都是能让你受益终身的宝贵财富。

3. 做精神上的富人

物质上的富有并不是最重要的，因为人的价值，并不取决于家庭条件的好坏，而取决于理想目标的实现程度和这个人对社会的贡献大小。一个家庭条件再好的人，如果没有理想，对社会没有任何贡献，依旧是一个没有多大价值的人。从古至今，有多少富家子弟，仗着自己家境好，挥霍无度，成为旁人口中的“败家子”“纨绔子弟”。他们仗着金钱得来的“自信”，在别人看来只是可笑的泡沫而已。因此，一个人要想获得自信，就要努力丰富自己的知识，提高自己的修养，努力实现目标，对社会做出应有的贡献。只有这样，才能体验到精神上的富有，成为一个真正自信的人。

4. 化抱怨为前进的动力

在学校里，确实有一些同学会以家庭条件的好坏作为评价别人的标准。但是，家庭条件如何并不是自己能够决定的，过于在意他人的看法和评价，只会让自己更痛苦。与其这样，还不如把心思放在自己能够决定的事情上，用实际行动来让自己变得更优秀。

美国前财政部长阿济·泰勒·摩尔顿曾在一次演讲中说道："一个人若想改变眼前充满不幸或不尽如人意的情况，只要回答这个简单的问题——'我希望情况变成什么样'，然后全身心投入，采取行动，朝理想目标前进即可。"阿济·泰勒·摩尔顿出生在一个悲惨的家庭里，她的生母是聋子，她甚至不知道自己的父亲是谁。但正如她所说，一个人的未来怎样，不是由生下来的状况所决定的。如果情况不如人意，我们总能想办法加以改变。

如果小惠能化抱怨为前进的动力，给自己定下远大的目标并努力践行，多年以后，说不定就能真正实现自己的"公主梦"。

心灵自助餐

我的麦子熟了

14岁的高占喜，青海农家子弟，因为湖南卫视的《变形计》节目，和一个叫魏程的富家少年互换了7天人生，节目打出的议题是:7天之后，高占喜愿意回到农村吗?

第一天，占喜在机场被新爸爸新妈妈接进了豪华的宝马车，他害羞地靠在真皮座椅上面，不说话，认真地看着窗外闪过的高楼大厦，忽然，他泪水盈眶。

占喜住进了一栋豪华如天堂的复式公寓，拥有一间无比舒适的大卧室。面对丰盛的晚餐，他无所适从，紧张得5次掉筷子。接着，新爸爸新妈妈一次给了他200元的零花钱。从前，他一个月只有1元的零花钱。

在气派的理发店里，当占喜看到镜子里的自己时，眼里又一次盈满泪水。

之后，他完全忘记了看书，迅速适应了这种新生活。他整天靠在巨大的松软的沙发里，茶几上是他之前从未见过的零食，面前是尺寸巨大的液晶电视。他自在地享受着这一切，除了脸颊上那抹不去的高原红，他就像是在这里长大的。

当占喜尽情享受新生活时，观众们忧心忡忡——这个孩子会丧失本性，沉迷于吃喝玩乐吗？

某天，占喜被安排去买报。归途中，占喜变得少言寡语。他看到城里人行色匆匆，在马路之间穿梭，犹如他在稻田之间穿梭；也看见天桥下的乞丐，衣衫褴褛地等待施舍……那天，他对记者说，城里也有穷人，生活也不容易。记者问："那你同情他们吗？"占喜说："不，每个人都有一双手，幸福靠自己。"

说话时，他分明又是那个崇尚奋斗，一直努力的高原孩子。

当晚短信预测，大多数观众仍然觉得占喜不愿回乡。谜底提前揭晓——当得知自己的父亲不慎扭伤脚的消息后，占喜立刻要求赶回家乡。

"为什么急着走？父亲的脚伤不是大事，难得来一次城里。"记者问。

占喜只说了一句："我的麦子熟了。"

父亲很早目盲，哥哥在外打工，弟弟尚且年幼，14 岁的占喜已经成为家里的主要劳动力。他被城市吸引，但同时，他也眷恋自己贫穷的家、艰辛的父母、几亩薄田和已经成熟的麦子。

城市是他的梦，贫穷的家却是他深植血液的责任。

回到农村后，占喜仍然五点半去上学，啃小半个馍馍当午餐，学习之余割麦挑水，仍然是补丁长裤配布鞋，刻苦读书不改初衷："只有不断学习，才能真正走出大山，改变命运。"

参与《变形计》节目的 7 天，占喜像是做了一场虚幻的梦。在梦里，他坐豪车，住别墅，有吃不完的零食，打不完的游戏。但是，他明白这只是一场梦，梦醒了，生活还要继续。要想真正改变自己的命运，只靠做梦是远远不够的，更要靠自己的努力拼搏。

第三节 我的父母是工人

点睛引言

大殿的角石，并不高于那最低的基石。——纪伯伦

案例描述

晓涵是一名初一年级的学生，他的父母都是普通工人，虽然收入不高，但对于孩子的合理要求父母都会尽量去满足，因此晓涵也一直觉得自己很幸福。直到有一天，学校举办趣味运动会，每个班都自发形成了家长后援团，给孩子们提供矿泉水和其他物资支持，晓涵所在的班级也不例外。

比赛当天的早晨，班上部分同学的父母跟着孩子一起来到教室，送来了一箱箱的矿泉水，还和班主任老师热情地打着招呼。看到这一幕的晓涵，心里不禁有点儿失落，心想自己还是班上的体育委员，可是爸爸妈妈都没有来看自己的比赛，也没有为集体出力。后来晓涵听同学说，这些来了的家长不是企业老板就是高级干部，比赛物资基本上都是这些同学的父母提供的。晓涵不由得想到自己的父母，都是普普通通的工人，跟这些同学的父母根本没法比。

此后，原来一直很积极开朗的晓涵像变了个人似的，慢慢变得沉默寡言，在家不愿意跟父母聊自己在学校的情况，觉得父母什么也不懂；在学校也变得不爱说话，跟

原来那些玩得好的同学也渐渐拉开了距离，因为他觉得自己跟那些出身优越的同学不是一个世界的人。尤其是当提到和父母职业有关的话题的时候，晓涵就会变得十分敏感，甚至有时候还会生闷气。身边的同学都觉得晓涵变得有点奇怪，可又不知道为什么，还以为他是故意装高冷，便也渐渐不跟他一起玩了。而晓涵自己也很苦恼，他觉得这一切都怪自己不是出生在一个显赫的家庭，怪自己父母的职业让人难以启齿，让他在同学面前抬不起头来。晓涵经常会想，如果自己的父母都是高级干部或者是大老板就好了，这样自己在班上就再也不用遮遮掩掩，就能重新变得快乐自信起来。

想一想

你的父母从事何种职业？

你会因为父母的职业不是很“光彩”而觉得抬不起头来吗？

你认为职业有高低贵贱之分吗？

心理透视

社会比较广泛地存在于人类日常生活的方方面面，被认为是人类“社会交往中几乎不可避免的元素”。最先系统地提出社会比较理论的是美国社会心理学家利昂·费斯廷格，其基本观点是：人人都自觉或不自觉地想要了解自己的地位如何，自己的能力如何，自己的水平如何。而这种自我评价往往基于一定的比较，既受内部条件的影响，也受外界的影响。一方面，社会比较能够使人清楚地了解自己和他人，找出自己和别人之间存在的差距，发现自己的长处，找出自己的不足；另一方面，如果我们不能进行合理正确的比较，则很有可能在盲目的比较中形成错误甚至极端的自我认知。

青少年往往都会特别在意自己的形象以及他人对自己的评价，而他们对自身的评价往往又来自和身边人的比较，因此当他们在比较中发现自己在某个方面不如他人时，便会产生挫败感、失落感，从而对自身产生负面评价，自卑也就随之而来，给他们的学习、生活和身心发展带来负面影响。

锦囊妙计

晓涵因为觉得自己父母的职业“不光彩”，和其他同学父母的职业比起来让人觉得很没有面子，因而开始变得沉默、自卑。晓涵应该怎么做才能重新恢复昔日的笑容呢？

1. 知足常乐——学会合理进行社会比较

俗话说“尺有所短，寸有所长”，如果我们一味地拿自己的短板去和别人的优势进行比较，那么我们只会变得越来越不自信，也不利于自身的成长和发展。因此，我们应学会避免一些盲目的比较。晓涵的父母虽然不是大老板，也不是领导，可是他们对自己的孩子却充满了呵护与关心，尽量让他快乐自信地成长，而这些可能是其他孩子所没有的。因此，晓涵要学会觉察和珍惜自己所拥有的一切，避免盲目的社会比较，只有这样才能摆脱许多不必要的烦恼，以一个更加自信快乐的态度去面对学习与生活。

2. 欣赏父母——从人性的角度看待父母

当我们在不断埋怨父母的不足时，我们似乎更多的是站在一个申讨者的角度，我们是如此理直气壮，用各种模板去嵌套我们的父母。而一旦发现他们与我们想象中的不符，我们就会认为他们不是合格的父母，他们是如此差劲，甚至我们会瞧不起他们。这个过程，其实也是在社会比较中形成的，因为除了有“别人家的孩子”，还有“别人家的父母”。但是，作为孩子的我们，有没有想过父母其实也只是普普通通的人而已，他们也是像你一样，从一个呱呱坠地的小婴儿一步一步成长为如今站在你面前的大人。你可知他们是如何成长起来的？且不说那个年代的经济条件不如现在，就说父母所处的家庭环境，也许从小就不被家里人重视，也许因为重男轻女思想而受到轻视，也许他们在青春期的时候也未被自己的父母理解过。而在这个分析的过程中，你会发现，原来你一直以为应该无所不能无所不知的父母，也不过是一路跌跌撞撞成长起来的普通人而已，至少在每一个当下，他们都已经尽力了。

正如我们自己也曾有许多自我接纳的时刻，就算全世界都不理解你，但你知道在那个时刻自己真的已经拼尽全力了，因此你不会再跟自己过不去。我们的父母又何尝不是如此？当我们从这个角度去思考的时候，我们才是真正以人性的角度去看待我们的父母，而不是将他们硬生生地往模板里面嵌套，并把这种衡量视为理所当然。也许他们并没有那么有成就，也没有干出一番大事业来，但他们至少在为这个家庭而努力，为他们的孩子创造一个更加美好幸福的未来。那么作为孩子的你，应该做的是学会感恩，用自己的努力回报父母，更重要的是，尊重父母用劳动创造财富的双手。

3. 树立职业平等观——每一种职业都值得被尊重

所谓“三百六十行，行行出状元”，不管是哪一种职业，都有它存在的价值和意义，也都值得被人们尊重。那些我们眼中所谓的“低等”职业，虽然不起眼，却发挥着巨大的作用。试想如果没有那些清洁工人，我们居住的环境将会变成什么样子；没有那些劳动工人，我们生活中所需要的一切工具又将如何获得。所以，每一种职业背后都是同样令人钦佩的敬业和责任感，职业没有所谓的高低贵贱之分，毕竟不可能每一个人都去当大老板，也不可能每一个人都去做政府官员。在其位谋其事，职业只有类别之分，每一种职业都是平等的，只是我们常常喜欢戴着有色眼镜去看待它们罢了。

心灵自助餐

霍兰德职业兴趣理论

你知道吗，职业还跟人的兴趣和人格类型有很重要的关系哦！美国约翰斯·霍普金斯大学心理学教授约翰·霍兰德，于 1959 年提出了具有广泛社会影响的职业兴趣理论。他认为人的人格类型、兴趣与职业密切相关，兴趣是人们活动的巨大动力，可以提高人们的积极性，促使人们积极地、愉快地从事该职业，且职业兴趣与人格之间存在很高的相关性。霍兰德认为人格可分为现实型、研究型、艺术型、社会型、企业型和常规型六种类型。

社会型

共同特征：喜欢与人交往、不断结交新的朋友、善言谈、愿意教导别人。关心社会问题、渴望发挥自己的社会作用。寻求广泛的人际关系，比较看重社会义务和社会道德。

典型职业：与人打交道的工作，如教育工作者（教师、教育行政人员），社会工作者（咨询人员、公关人员）。

企业型

共同特征：追求权力、权威和物质财富，具有领导才能。喜欢竞争、敢冒风险，有野心和抱负。为人务实，重利益得失，习惯以权力、地位、金钱等来衡量事物的价值，做事有较强的目的性。

典型职业：项目经理、销售人员、营销管理人员、政府官员、企业领导、法官、律师等。

常规型

共同特点：尊重权威和规章制度，喜欢按计划办事，细心、有条理，习惯接受他人的指挥和领导，自己不谋求领导职务。关注实际和细节，通常较为谨慎和保守，缺乏创造性，不喜欢冒险和竞争，富有自我牺牲精神。

典型职业：秘书、办公室人员、记事员、会计、行政助理、图书馆管理员、出纳员、打字员、投资分析员等。

现实型

共同特点：动手能力强，做事手脚灵活，动作协调。偏好于具体任务，不善言辞，做事保守，较为谦虚。缺乏社交能力，通常喜欢独立做事。

典型职业：技术性职业（摄影师、制图员、机械装配工），技能性职业（木匠、厨师、技工、修理工、农民、一般劳动）。

调研型

共同特点：抽象思维能力强，求知欲强，肯动脑，善思考。喜欢独立的和富有创造性的工作。知识渊博，不善于领导他人。考虑问题理性，做事喜欢精确。喜欢逻辑分析和推理，不断探讨未知的领域。

典型职业：科学研究人员、工程师、电脑编程人员、医生、系统分析员。

艺术型

共同特点：有创造力，渴望表现自己的个性，实现自身的价值。做事理想化，追求完美，不重实际。具有一定的艺术才能和个性。

典型职业：艺术方面(演员、导演、艺术设计师、雕刻家、建筑师、摄影师、广告制作人)，音乐方面(歌唱家、作曲家、乐队指挥)，文学方面(小说家、诗人、剧作家)。

然而，大多数人都并非只有一种职业性向，一个人的职业性向中很可能同时包含着社会型、实际型和调研型这三种。霍兰德认为，这些职业性向越相似，相容性越强，则一个人在选择职业时所面临的内在冲突和犹豫就会越少。所以，不要轻看任何一种职业，也不要歧视选择任何一种职业的人，每个人都是独一无二的，我们应该予以理解和尊重。

第四节　爸爸妈妈，请你们不要吵了

点睛引言

幸福的家庭都是相似的，不幸的家庭各有各的不幸。——列夫·托尔斯泰

案例描述

雷雷是小学四年级学生，他的父母都是普通的工人，工资微薄，日子虽然过得清苦，但总的来说还过得去。可遗憾的是，雷雷的父母几乎每天都吵架——有时是因为妈妈抱怨爸爸不会赚钱，自己跟着吃苦；有时是爸爸埋怨妈妈不会持家，把钱花在不该花的地方；有时两人又因为在对雷雷的教育问题上出现了分歧而相互埋怨。总之，从雷雷记事开始，家里就没有太平过，父母有时甚至会大打出手，引来周围邻居围观。

所以，在邻居们看来，雷雷从小就是个苦命的孩子。他们常常在背后议论雷雷的父母，有时也会用同情的口吻问雷雷“爸爸妈妈吵架的时候会不会打你呀”“他们每天吵架你难不难过呀”之类的话。爸爸妈妈每天都吵架，雷雷当然很难过。每当他们吵架时，雷雷都会害怕，害怕“战火”一不小心就烧到自己身上，也害怕爸爸妈妈离婚，自己成了没人要的孩子。

雷雷的小伙伴们也常常目睹他家里“战火纷飞”的景象，因此都不敢去雷雷家里

玩，也不敢叫他出去。雷雷在朋友面前总觉得抬不起头来，因为他觉得和别人相比，自己的家庭是一个“不正常”的家庭，自己也是一个“不正常”的孩子。因此，他非常羡慕他的小伙伴们。在他的眼里，自己的家总是充满“火药味”，没有一点家的感觉；而别人的家庭总是和和睦睦，其乐融融。有时候，雷雷甚至想如果自己能生活在别人家里，那该有多好。

想一想

你的父母经常吵架吗？

你觉得他们吵架，会对你造成什么影响？

心理透视

心理学家曾进行过一项关于家庭关系对于孩子心理问题影响的调查，调查表明：父母经常吵架的孩子，心理问题检出率为32%，离婚家庭的为30%，和睦家庭的为19%。

为什么父母吵架对孩子能造成如此大的影响呢？因为对大人而言，吵架似乎是很平常的事，但对孩子而言，却是天塌下来了，他的安全感会受到很大冲击。面对“战火纷飞”的家庭环境，孩子常常会产生以下的心理问题。

1. 罪恶感

经常看到父母吵架的孩子，会认为是自己做错了什么才导致父母吵架，因而产生罪恶感，不仅情绪上会受到影响，连行为上也会变得小心翼翼，生怕自己再做错什么。另外，有些父母在吵架后为了发泄情绪，常常为了一点鸡毛蒜皮的小事责怪、惩罚孩子，拿孩子当“出气筒”。这样一来，在父母吵架时，孩子更是像身上安装了“不定时炸弹”一般，吓得大气都不敢出。

2. 缺乏安全感和信任感

经常面对家庭“战火”的孩子会缺乏安全感和信任感。人们常说，“家是避风的港湾”，但经常吵架的家庭却没有温暖、安全可言，有的只是相互间的猜忌和怨恨。生活在这样的家庭里的孩子很难学会去完全信任别人，因此常常不能和同学们友好相处，容易变得越来越孤独、冷漠。

3. 自卑、焦虑

和家庭和睦的孩子相比，长期处在争吵家庭中的孩子更少体验到幸福、快乐、舒畅的情绪，焦虑、自卑、抑郁反而会时常伴随着他们。他们身上仿佛时常带着怨气，也正因为这样，他们显得和周围的环境格格不入，和周围的同学距离拉远，这会进一步加重他们的不良情绪，影响他们的生活、学习。

锦囊妙计

雷雷因为家庭的不和谐而自卑，抬不起头来，我们要怎么帮助他消除这种自卑呢？而面对生活的压力，父母吵架又是在所难免的。作为孩子，我们又该如何应对呢？

1. 接纳父母——完美家庭很少见

著名作家列夫·托尔斯泰曾经说过：“幸福的家庭都是相似的，不幸的家庭各有各的不幸。”对于雷雷来说，自己的家庭是不幸的，但在诉说自己的不幸的时候，也不用把别人的家庭想象得过于美好。其实，每个家庭都不是完美的。生活在不同的家庭里，就会面对不一样的挑战和困难。因此，要想消除因家庭原因造成的自卑，雷雷首先应该做的是接纳自己的家庭。它虽然不完美，虽然总是充满“火药味”，但它毕竟是自己的家。在这个家里，所有的不满都会被直接地表达出来（虽然表达的方式过于“激烈”），这也未尝不是好事。

2. 理解父母——磕磕碰碰总难免

爸爸妈妈每天都生活在一起，摩擦是不可避免的，甚至可以说是必不可少的，因为从来不吵架的夫妻几乎是不存在的。所以，当你看到父母又在吵架时，只要不是特别激烈的冲突，你大可不必把它放在心上，就把吵架当作父母生活中的“调味料”吧。而且父母之间发生冲突，是因为他们在试着沟通，有沟通就会有改变，这也是他们“独特”的交流方式。

3. 相信父母——爱你的心永不变

可能父母从来都没有想过，他们吵架会对你造成这么大的伤害，但你要相信：他们都是爱你的。如果他们无意间的行为伤害了你，你要学会原谅他们。

4. 帮助父母——“和平使者”站中间

作为父母“战争”的受害者，你可以大胆地告诉他们：“你们吵架让我觉得很难过！”让他们感受到你的存在，认识到他们的行为已经对你造成了影响。父母是爱你的，当他们知道自己的行为已经伤害到你时，他们一定会换一种方式沟通的。

作为“战争”的旁观者，你也可以在父母吵架后帮他们分析原因，找到解决方法。俗话说：“当局者迷，旁观者清。”在听过你有理有据的分析后，父母说不定会恍然大悟，就此熄火了。但要注意的是，千万不要有意偏袒一方，否则可能会激化矛盾，这样就是帮倒忙了。

心灵自助餐

“和平使者”小测试

原本让你引以为傲的幸福家庭，现在却陷入无尽的争吵中，无助的你不知道该怎么面对。你更不知道该怎么和父母沟通，让他们在乎一下你的感受，这让你很难过。

面对越来越糟的境况，你会怎么办呢？

A. 讨厌每天争吵的父母，疏远他们

你已经厌倦了父母无休止的争吵，他们这样的行为不仅破坏了你心目中幸福家庭的形象，也让你感觉到前所未有的孤单，于是你开始封闭自己，疏远父母。

B. 给爸爸妈妈写封信，告诉他们你的想法

你不想总是担心，你清楚他们是很爱你的。你给他们写了一封信，讲出了你的伤心和难过，说出了你的担忧。在这个世界上他们对你来说是最重要的，你需要他们胜过一切，你爱你们的家，爱他们两个人！希望他们能多自我反省，并改正一下自己的缺点，停止争吵，给你多一些关爱！

C. 分别和爸爸妈妈聊聊，让他们感受到你的存在

聪明的你和爸爸约了个时间，把你的想法告诉了他。你希望爸爸能给你开心的生活，不要为一些小事和妈妈计较，你和妈妈非常爱他。之后，你又和妈妈沟通，希望她不要再和爸爸吵架，并希望她能相信爸爸。

不同的选择代表了不同的处理方式，你是一个优秀的“和平使者”吗？

选择 A

你是一个善良的、易受伤害的孩子，但你的表现对解决家里的问题并没有多大帮助，你还要学习怎样当一个“和平使者”。

选择 B

你是一个心思细腻的孩子，你希望父母能考虑到你的感受，你是一个很棒的“和平使者”，但有时候你也要试着去理解父母，多从他们的角度想问题。

选择 C

恭喜你，你真的很棒！你的表现能成功化解父母的矛盾，你是一个理性的、聪明的孩子，是一个优秀的“和平使者”！

如果你想当一名优秀的“和平使者”，不妨多用用 B 和 C 中的方法吧！

第五节　我来自单亲家庭

点睛引言

只要自己心中充满向上的力量，苦难也会变成生命中的财富。

案例描述

小海今年十二岁，上小学五年级，几年前他的父母离婚了，小海跟着爸爸过。爸爸到外地打工，把小海带在身边，安排小海在附近的学校上学。可是，平时爸爸工作忙，根本无暇照看小海。小海和爸爸的沟通也很少。

本来和妈妈见面的机会就少，转学后，小海离妈妈更远了，他经常在梦里见到妈妈，可一觉醒来，却发现这只是一场梦。他特别想妈妈，想念妈妈温暖的怀抱，想念妈妈做的可口的饭菜，也想念妈妈给自己洗的干净的衣服。可他知道，这一切都已经成为过去了。

在学校，小海总是一副闷闷不乐的样子，他不喜欢和同学们一起玩，上课从来不主动举手回答问题。当老师抽他回答问题时，他也总是回答不上来，因此经常遭到同学们的嘲笑。他也总是不按时完成作业，就算完成了，也是马马虎虎、潦潦草草的。

老师找小海谈心，他总是做出一副“我一定会改正”的样子。可没过多久，他又开始不写作业，甚至上课睡觉，更过分的是，他还和同学打架。老师苦口婆心，一遍又一遍地劝他，他终于说出了自己真实的想法："我真的很想改，但每一次都失败，不管怎么样，我永远都是差生。"

想一想

你的身边有像小海这样的同学吗？你有试着了解过他吗？

心理透视

小海是我们口中的"差生"，他不写作业，成绩差，和同学关系不好，对班集体没什么贡献，这样的学生几乎一无是处，经常让老师感到头疼。但是"冰冻三尺，非一日之寒"，变成现在这个样子，其实是小海内心深处的自卑在作怪。

首先，小海的父母离婚，他被妈妈"抛弃"了一次，而爸爸每天都忙工作，根本无暇照顾他，让他感觉自己又被"抛弃"了一次。小海虽然父母健在，但在心里，他早已把自己定位成了"孤儿"。得不到父母的关爱，感觉被抛弃，让小海产生了"自己不配得到爱"的自卑心理。

其次，小海刚来到新的城市，进入新的学校，本来成绩就不太好，换了环境，离开了妈妈，学习起来就更加吃力了。在学习上，小海得不到丝毫的成就感，也看不到丝毫进步的希望，于是就渐渐自暴自弃。

另外，因为缺乏管教，小海很难形成良好的自制力，他抱着“破罐子破摔”的心理，渐渐地变成同学们眼中的“差生”。同时，同学们的嘲笑，也会加重小海的自卑，这让小海更没有力量去改变自己，最终说出“我真的很想改，但每一次都失败”这样悲观的话。

像小海这样的单亲家庭的孩子有很多，面对家庭的突然破碎，孩子无法接受现实，无法适应无父或无母的环境。孩子的心理没有成熟，他无法理解父母的苦衷，幼小的心灵脆弱、敏感，没有自我调适的能力，一旦受到打击，就会不知所措，无所适从。特别是看到同伴们与父母亲亲热热地一起玩耍、嬉戏的时候，更容易想到自己过去的生活。而今非昔比，心中的悲伤、失落使得他们产生忧郁和自卑的心理，他们看不到自己的幸福在哪里，于是拒绝快乐，沉浸在忧虑、悲伤中。

锦囊妙计

单亲家庭的孩子和正常家庭的孩子相比，更容易出现各种心理问题，那么像小海这样自暴自弃的孩子应怎样做出改变呢？

1. 接受父母离婚的现实

面对父母离婚，很多孩子接受不了这样的现实，觉得上天对自己不公平。其实无论对谁来说，这样的打击都是很残酷的。孩子确实需要有一段调整自己的时间，但是，没有哪一个人的人生是完美的，每个人都会经历不一样的痛苦。面对现实，我们可以抱怨，但抱怨之后应该坦然接受。父母之所以选择离婚，是因为在一起不快乐，如果强迫他们在一起，对他们、对自己都是不公平的。所以，在父母开始新的生活时，单亲家庭的孩子也应该学会接受父母离婚的现实，开始新的生活。

2. 正确认识自己，欣赏自己

单亲家庭的孩子因为和父母一方或双方分离，没有得到足够的关心和照顾，因此往往得出自己“不值得被爱”“低人一等”的结论。但每个人生来都是平等的，并不存在谁比谁高一等。虽然和爸爸或妈妈分离，但这并不代表他们不爱你，更不代表你不值得被他们爱。抱有这样想法的孩子应该摒弃这种错误观念，正确认识自己的价值，充分发挥自己的长处，在现实生活中找到进步的动力，让离开你的爸爸或妈妈感到欣慰。

3. 停止对父母的抱怨，不为失败找借口

单亲家庭的孩子经常会抱怨离开自己的父亲或母亲，甚至怨恨他／她，认为自己变成现在这个样子完全是因为他／她。父母离异的确会对孩子造成巨大的伤害，有些父母也确实是不负责任，对孩子不管不顾。但是，每个人在成长过程中总会遇到各种各样的痛苦，如果一味地对已经发生的事抱怨，把它当作自己不思进取的理由，那只会让自己更加痛苦。所以，单亲家庭的孩子可以尝试着用包容的心面对过去发生的一切，合上昨天的书，翻开未来崭新的一页。

心灵自助餐

美国前总统奥巴马成长于一个单亲家庭。他于1961年出生于美国夏威夷，父亲是一个地道的非洲肯尼亚黑人，于1959年离开肯尼亚来到夏威夷大学留学。在大学期间，他与奥巴马的母亲相识并相爱，不久后结婚。后来，奥巴马的父亲离开夏威夷前往哈佛大学读书，并与他的母亲离婚，毕业后离开美国回到肯尼亚。再后来，奥巴马的母亲又与一个印度尼西亚留学生结婚，并带着奥巴马前往印尼居住了四年。四年后，奥巴马离开印尼只身回到夏威夷和外祖父母生活在一起，而那时的他年仅10岁。

奥巴马的亲生父亲在他两岁时就离开了他和母亲。小时候的奥巴马，渴望父爱。非常甚至向小伙伴们撒谎，说自己的父亲是非洲王子，之所以离开他，是因为要回到

肯尼亚，报效自己的国家。在幼小的奥巴马心目中，或许也曾经抱怨过、自卑过，但他并没有把“来自单亲家庭”作为自己失败的借口，也没有因为家庭的破碎而自暴自弃。

奥巴马的父亲在1982年死于车祸。得知父亲死讯的那个晚上，奥巴马做了一个有关父亲的梦，梦中他们相见，两人热烈拥抱，奥巴马开始抽泣，父亲对他说：“我经常想告诉你我有多爱你。”醒来后，奥巴马发现自己还在流泪，那是他第一次为父亲流泪。

作为单亲家庭的孩子，奥巴马经历了很多别人没有体会过的艰辛，但他并没有因此放弃自己，而是凭借着自己的努力成为美国第一任黑人总统，获得了巨大的成功。试想，如果奥巴马心中充满了对“抛妻弃子”的父亲的怨恨，以此为由自轻自贱，哪里还会有后来的成功呢？

不只是奥巴马，还有很多的成功人士，也是单亲家庭中长大的孩子。他们当中的许多人，因为早早地经历了父母离异，背负起家庭的重担，反而变得更坚强、更有责任心。所以，只要自己心中充满向上的力量，苦难也会变成生命中的财富。

第六节　爸爸妈妈，今年你们回家吗

点睛引言

留守儿童生活贫苦，缺乏父母的陪伴，但是只要拥有爱和鼓励，他们绽放出的光芒依旧绚烂。

案例描述

张莉今年上初一，现在她和奶奶住在一起，每天早上她都一个人起床，匆匆地吃点早饭，骑着自行车就去上学了。晚上回到家，她和奶奶一起吃晚饭，吃完后写会儿作业，在空荡荡的家里看会儿电视就上床睡觉了。

没错，张莉是无数个留守儿童中的一个，她的爸爸妈妈南下打工，已经两年没有回家了。张莉被托付给奶奶照看，但是奶奶每天都忙于农活。每天早上张莉离家时，奶奶已经下田了，晚上只有吃饭时，奶奶才会坐下来和她说几句话，但是她们似乎也没什么好说的。吃完饭，奶奶就去睡觉了，她几乎从来不过问张莉在学校里的情况。

在学校，张莉是同学们眼中的“独行侠”，她几乎没有特别要好的同

学，从来不参与同学们之间的打打闹闹，集体活动也很少参加。她每天都独来独往，在同学们看来是个神秘的、酷酷的女生。

可是张莉一点儿都不想当这样的女生，谁也不知道她心中的苦楚。她也希望像其他同学一样，能在父母面前撒娇，被父母数落。她希望自己不用这么早就如此成熟、独立，她也想像别人一样过“衣来伸手，饭来张口”的生活。可是这些都是奢望，她的父母只会隔几周给她打一次电话，在电话里交代一些事情。她已经两年没见过父母了，现在在电话里，都已经无话可说了。又要过新年了，爸爸打电话告诉张莉说今年可能又回不去了，张莉的泪水一下子决堤了：“难道你们真的不要我了吗？”

想一想

你有过长期离开父母的经历吗？当时的你是什么感受？

心理透视

在中国，有几千万的留守儿童，他们和张莉一样，父母为了生计不得不远离家乡，到外地打工。这些还未成年的孩子不得不过早地和父母分离，背负起生活的重担，他们的心里也承受着比普通孩子更大的压力。因此，留守儿童的心理问题层出不穷，他们或自卑、孤僻，或倔强、不服管教，这些问题都是由以下原因引起的。

1. 缺少父母的关爱与管教

和案例中的张莉一样，很多留守儿童的父母双双出去打工，把孩子托付给家里的老人或亲戚照看。这些父母通常一年也回不了几次家，无法给予孩子应有的关爱和管教，因此留守儿童通常都是做得好了没人夸，做得不好也没人纠正，情感上的问题更是无人问津。久而久之，缺乏关爱的孩子就会变得越来越孤僻，越来越冷漠。

2. 和临时监护人缺乏情感交流

留守儿童一般由家里的老人或亲戚照看，虽然他们会照顾孩子的饮食起居，但毕竟不是孩子的亲生父母，不能给孩子足够的关爱和保护。有些老人还会过于宠爱孩子，一味地满足孩子的物质需要，使孩子变得骄横、难管；有些亲戚因为监护的对象并非自己的孩子，在教养时难免会有顾虑，不敢严格管教。敏感一些的孩子，还会产生寄人篱下的感觉，变得更加孤僻、自卑。

3. 在和同龄人的比较中产生自卑心理

在学校，学生之间难免会有攀比心理。留守儿童一般家庭条件不好，而父母又因为常年在外，不能及时满足他们的需求，因此他们更容易产生“自己不如别人”的想法。另外，在看到同龄人一家团圆的情景时，他们也容易产生“自己被父母遗弃”的想法。

锦囊妙计

在农村，很多父母为了生计，不得不留下儿女，远走他乡。我们不能阻止父母离开的脚步，但我们可以让自己的脸上多些笑容。

1. 创造和父母沟通的机会

父母虽然一年只回家几次，甚至几年才回家一次，但是多和父母电话联系不失为一个增进感情的好方法，有条件的孩子还可以和父母视频。虽然父母不在身边，但是可以通过电话或视频多和父母聊聊天，向父母汇报自己在学校的情况，告诉他们周围的变化，同时可以让父母给你讲一讲他

们在城市里的生活，体会他们在城里工作的艰辛，让彼此的心拉得更近一些。

2. 多从外界获得情感支持

试着多交朋友。平时多和朋友分享你生活中的酸甜苦辣，多和他们一起玩耍、学习，相互鼓励，在需要帮助的时候，勇敢地伸出手求助，这不是懦弱，而是一种智慧和勇气。除了你的同学和朋友外，身边的爷爷奶奶或叔叔阿姨、学校里的老师都是你的“靠山”，他们会在你需要的时候站出来，给你无穷的力量。

3. 转变观念，痛苦的经历也是上天馈赠的“礼物”

和普通的孩子相比，你虽然缺少父母的悉心照顾，但得到的却是独立生活的技巧与经历。你已经学会了洗衣、做饭，你不仅会照顾自己，还会照顾弟弟妹妹或者爷爷奶奶，你已经是一个名副其实的“小大人”了。这样的经历是十分珍贵的，它让你蜕变成雄鹰，让你踏向未来的脚步更加沉稳、矫健。

心灵自助餐

留守儿童日记两则

2010 年 4 月 16 日　星期五　晴

今天又是个赶场天。我和弟弟去读书，要到学校门口的时候，爷爷朝我们走过来。他到我们面前，递给我们一人一块钱。我说：“爷爷你老了，这两块钱是你辛辛苦苦去山上找药材卖了得来的，你自己留着吧。”

爷爷不是啰唆的人，他没有说什么就把钱递到我们手上，我们也就接了。他说：“你们好好读书啊！”然后就走了。

我心里想着：爷爷虽然只给了我们一人一块钱，但是我知道他是个好爷爷、善良的爷爷，只要有钱他就会给我们，过年的时候他还给我们一人五块钱呢！他真是个好爷爷！

2010年4月27日　星期二　晴

今天上学的时候，妈妈就跟我说好了，让我放学以后到外婆家去帮忙种玉米。于是放学以后，我就直接去了外婆家。

外婆家住在半山腰上，她家的玉米地就在山下不远的山旮旯里，不是很大，种的人又多，到我放学的时候都快种完了。我到的时候外婆没有叫我下地，而是让我帮忙把她家的老母猪赶进另一个猪圈。

我把猪赶出来，可它却走错了路，我发火，举起一根竹竿就要打它，外婆急忙说：“打不得，打不得！它要生崽崽了！”我赶忙住手。我把它赶进了另一个猪圈，就下地去帮忙种玉米了。回来的时候，我居然听到了小猪崽的叫声，急忙跑去看。哇——老母猪一共生了十五只猪崽，可惜死了一只。活下来的那些小猪活蹦乱跳，非常惹人喜爱。猪生崽崽是件值得高兴的大事，要是我家也有那么一头争气的母猪，那我们家就会多出好多开心的事情来！

这两则日记都摘抄自一本叫作《中国留守儿童日记》的书，这些日记的作者不是别人，正是一群可爱的孩子，他们有一个共同的名字——“留守儿童”。

这些日记记录了他们生活中的点点滴滴，有泪水，有欢乐，有感动，有无奈。在他们的日记中，我们很少看到抱怨、愤恨等负面的情绪，反而经常能看到爱、快乐、憧憬、希望，而且在他们身上，始终存在着勤劳、勇敢、孝顺、乐观的优良品质。这些品质值得所有人学习，也会让很多人开始反省自己。

我们不能选择自己的父母，也不能选择自己身处的环境，但我们可以选择自己面对困难的心态和处理问题的方式。写下这些日记的孩子，他们选择了面对阳光，心怀希望，相信所有的留守儿童也像日记中的这些孩子一样，会收到来自父母和整个社会的美好祝福和期待。期待你们也能像他们一样，面对阳光，心怀希望。